境外新能源并购项目
尽职调查工作指引

国家电力投资集团有限公司 编

中国电力出版社
CHINA ELECTRIC POWER PRESS

图书在版编目（CIP）数据

境外新能源并购项目尽职调查工作指引 / 国家电力投资集团有限公司编. —北京：中国电力出版社，2023.4

ISBN 978-7-5198-7441-4

Ⅰ.①境… Ⅱ.①国… Ⅲ.①电力工业—工业企业管理—资产管理—跨国兼并—研究—中国 Ⅳ.① F426.61

中国国家版本馆 CIP 数据核字（2023）第 044130 号

出版发行：中国电力出版社
地　　址：北京市东城区北京站西街 19 号（邮政编码 100005）
网　　址：http://www.cepp.sgcc.com.cn
责任编辑：赵鸣志
责任校对：黄　蓓　于　维
装帧设计：赵丽媛
责任印制：吴　迪

印　　刷：三河市万龙印装有限公司
版　　次：2023 年 4 月第一版
印　　次：2023 年 4 月北京第一次印刷
开　　本：710 毫米 ×1000 毫米　16 开本
印　　张：7.25　插页：1 张
字　　数：111 千字
印　　数：0001—1000 册
定　　价：50.00 元

版权专有　侵权必究

本书如有印装质量问题，我社营销中心负责退换

《境外新能源并购项目尽职调查工作指引》
编审委员会

主　　任	陈海斌				
副 主 任	陈　燕	林　华	黄　晨	王　斌	朱　林
主　　编	陆　静				
副 主 编	曹　兵	李运坚	余国君	王国栋	
编写人员	范晶云	李　纬	唐丁玲	马燕敏	孙俊明
	俞仲嘉	江继波	褚炜樑	吴茗君	陈　鑫
	陈宇超	华晓龙	叶　静	龚晓英	潘颖达
	陈　旭	赵惠琴			
审查人员	刘　勇	杨　龙	梁　琼	陈建军	李　宁
	张友利	赵永刚	徐　琳	吴　坚	方险峰
	马　超	胡高峰	陶　然	张学刚	张　晴
	洪　源	姚更生	胡　明	赵坚钢	郭书华
	曾　丹	张　晋	邹一民	李佳林	程翰生

前 言

为深入践行"一带一路"倡议，把握全球绿色低碳转型机遇，国家电力投资集团有限公司（简称国家电投）秉承"创新、协调、绿色、开放、共享"的发展理念，围绕"2035一流战略"，积极稳健开展境外电力能源资产并购，有序进入境外重点目标市场，持续优化全球业务布局，在新能源（风电和太阳能光伏）发电领域的存量资产并购、开发权收购等方面已取得阶段性重要进展。

为进一步规范国家电投所属各单位境外新能源资产并购的尽职调查工作，提升尽职调查工作的质量和效率，降低并购项目风险，国家电投委托上海电力股份有限公司（简称上海电力）会同相关咨询机构广泛收集资料，深入调查研究，梳理总结经验，组织编制了《境外新能源并购项目尽职调查工作指引》。本书系统介绍了境外新能源发电资产并购中尽职调查工作的作用、基本流程、职责分工、工作组织、主要方法、风险点等内容，并重点围绕技术、法律、市场、财务、税务、保险、人力资源、风险评估等领域详细介绍了尽职调查的具体方法和注意事项。为方便国家电投所属各单位高效开展并购尽职调查工作，本书还提供了部分尽职调查工作所需表格供读者参考使用。

本书的编制是国家电投落实"2035一流战略"第二阶段工作目标，加强境外投资管理能力建设、防控境外投资风险的重要尝试，融合了国家电投相关子企业近年境外新能源资产并购项目经验，并重点考虑了境外新能源并购项目常见的风险因素。本书将根据使用反馈持续补充完善并适时更新，以便为相关单位高质量开展境外新能源项目投资并购，促进境外业务行稳致远提供指导和支持。

编者

2022 年 12 月

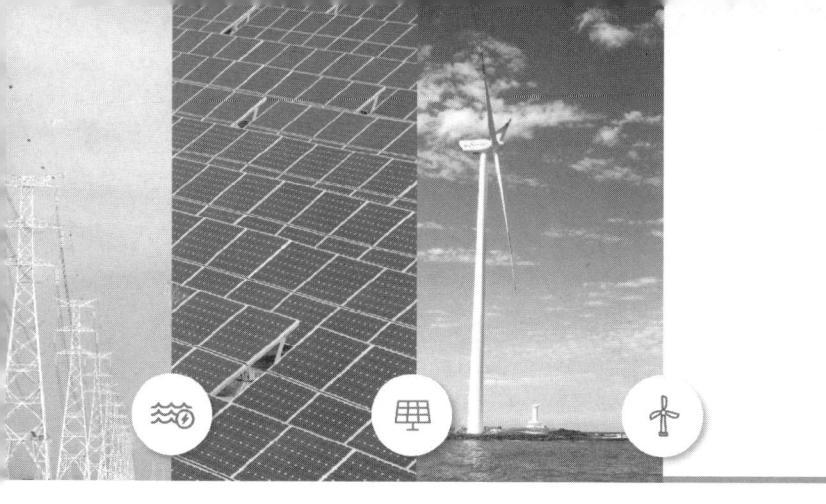

目 录

前 言

第 1 章　总则　// 001

　　1.1　编制目的　// 002

　　1.2　适用范围　// 002

　　1.3　编制依据　// 002

　　1.4　使用方法　// 002

第 2 章　尽职调查综述　// 004

　　2.1　尽职调查的作用　// 005

　　2.2　尽职调查工作流程　// 005

　　2.3　尽职调查顾问选聘　// 006

　　2.4　尽职调查计划与统筹　// 008

　　2.5　尽职调查成果报告与应用　// 010

　　2.6　尽职调查注意事项　// 011

第 3 章　技术尽职调查　// 014

　　3.1　批文及许可技术复核　// 016

3.2　电站设计及电网接入复核　//　017

3.3　资源评估　//　017

3.4　技术方案评估　//　018

3.5　发电量及历史运营情况复核　//　019

3.6　现场踏勘及施工质量评估　//　019

3.7　设备技术性能复核　//　020

3.8　性能保证复核　//　021

3.9　进度与成本复核　//　023

第4章　法律尽职调查　//　024

4.1　东道国法律环境评估　//　025

4.2　东道国新能源投资审查　//　026

4.3　标的公司组织文件审查　//　028

4.4　项目许可法律审查　//　029

4.5　重要合同或协议审查　//　031

4.6　权属关系审查　//　034

4.7　保险　//　034

4.8　关联交易　//　035

4.9　纠纷及诉讼　//　035

4.10　合规　//　035

第5章　市场尽职调查　//　036

5.1　电力市场概况　//　037

5.2　电力监管机制　//　039

5.3　新能源发展政策及规划　//　040

5.4　电价机制及交易模式　//　040

5.5　电价曲线的预测　//　043

第 6 章　财务尽职调查　// 046

　　6.1　会计准则及财务报表编制基础　// 047

　　6.2　标的公司近三年财务报表及审计报告概览　// 048

　　6.3　基准日模拟合并财务报表　// 052

　　6.4　历年权益变动　// 053

　　6.5　负债明细　// 053

　　6.6　股东贷款　// 054

　　6.7　关联交易　// 054

　　6.8　抵押担保　// 054

第 7 章　税务尽职调查　// 055

　　7.1　东道国税制　// 056

　　7.2　企业所得税　// 057

　　7.3　增值税　// 057

　　7.4　转让税　// 057

　　7.5　地方税　// 058

　　7.6　其他税　// 058

　　7.7　税务亏损处理　// 058

　　7.8　未决税务审计、稽查或检查　// 058

　　7.9　重大股权或资产并购与处置情况　// 059

　　7.10　重大关联交易及转让定价安排　// 059

　　7.11　交易架构设计的税务考量　// 059

　　7.12　税收减免政策、审批流程及审批时间的复核　// 060

第 8 章　保险尽职调查　// 061

　　8.1　强制性保险规定　// 062

　　8.2　在建工程保险　// 062

　　8.3　运营期保险　// 064

　　8.4　重大可保未保风险　// 065

8.5 索赔及损失记录 // 065
8.6 并购保证保险安排 // 065

第9章 人力资源尽职调查 // 067
9.1 员工概览 // 068
9.2 相关法规与内部政策 // 069
9.3 雇佣合同 // 070
9.4 工资与社会福利 // 071
9.5 社会保险 // 072
9.6 终止雇佣合同 // 072
9.7 未决诉讼 // 073
9.8 劳动监察 // 073
9.9 工人代表 // 073

第10章 风险评估 // 075
10.1 交易估值与执行相关风险 // 076
10.2 投后运营相关风险 // 082
10.3 商业背景相关风险 // 084

第11章 常用图表 // 087
11.1 尽职调查综合应用图表示例 // 088
11.2 技术尽职调查应用表单示例 // 092
11.3 法律尽职调查应用表单示例 // 097
11.4 财务尽职调查应用表单示例 // 099
11.5 税务尽职调查应用表单示例 // 103
11.6 人力资源尽职调查应用表单示例 // 104
11.7 保险尽职调查应用表单示例 // 105

第1章

总　则

1.1 编制目的

境外新能源并购主要包括新能源领域在建或在运项目的股权并购和新项目的开发权收购。尽职调查是指在企业并购过程中，根据披露的数据和文档资料、第三方评估报告及国别、行业公开信息，对目标公司的资产、经营、技术、外部环境、发展前景、潜在风险等方面进行全面调查，准确评估企业价值，规避并购风险。尽职调查工作一般由技术、法律、市场、财务、税务、人力资源、保险等多个专项调查共同构成。

本指引的编制目的是支持国家电投及其下属企业境外新能源资产并购的尽职调查工作规范有序进行，进一步提升尽职调查工作能力，保证调查工作的质量和效率，发挥尽职调查对并购交易的有效支持作用与风险防范作用。

1.2 适用范围

本指引适用于境外新能源资产并购项目（含在运、在建项目及开发权项目并购）的尽职调查工作。

1.3 编制依据

本指引根据国家电投及其所属企业近年境外新能源资产并购项目经验，并充分考虑了并购中常见的风险因素进行编制，参考了中国政府关于境外投资的相关法律法规、国家电投境外投资管理相关制度，以及部分标的国关于境外直接投资审查相关法律法规，包括但不限于反垄断审查、国家安全审查，以及新型冠状病毒疫情流行后出台的防抄底法等并购相关法案。

1.4 使用方法

本指引第2章内容是对尽职调查的综述；第3章至第9章分别介绍了尽职

调查中技术、法律、市场、财务、税务、保险、人力资源等各专项调查的工作内容、工作程序和注意事项；第10章为有关各方面风险评估的工作规范及注意要点。

1.4.1　在运新能源项目并购

在运新能源项目并购应重点按照资产基本情况审查、关键合同审查、运维管理评估、现场尽职调查等开展尽职调查工作，根据条件和需要可开展运维管理调查。

1.4.2　在建新能源项目并购

在建新能源项目并购应重点按照项目建设条件调查、资产基本情况审查、关键合同审查、项目施工建设评估、现场尽职调查等全面开展尽职调查工作。

1.4.3　新能源项目开发权并购

新能源项目开发权并购应重点按照项目开发建设条件调查、资产基本情况审查、现场尽职调查等全面开展尽职调查工作。

第2章

尽职调查综述

2.1 尽职调查的作用

尽职调查，也称为审慎调查，指在并购过程中买方（收购方）与卖方就目标公司达成初步合作意向后，经友好协商并由买方组织展开对目标公司的一系列调查。尽职调查通过审阅和分析卖方或目标公司提供的与拟并购交易相关的资料、现场勘查与实质性查验实物、管理层访谈等，了解目标公司的各方面风险，并判断其对交易的影响程度。作为企业并购程序中最重要的环节之一，尽职调查的核心目的是风险管理，是收购过程中重要的风险识别及防范工具，可以弥合买卖双方的信息不对称。通过尽职调查，买卖双方可明确拟议并购可能存在的技术、财务、法律等风险，并就相关风险承担和转移进行谈判，同时买方可以决定在何种条件下继续进行收购活动。由于尽职调查的根本目的在于核实信息、发现风险和发现价值，因此尽职调查不仅包含顾问进场后的一系列工作，还可能发生在项目筛选、报价及交割等阶段，贯穿并购交易全过程的各个环节。

2.2 尽职调查工作流程

根据境外并购交易的一般流程并结合项目经验，通常的并购交易流程及各阶段尽职调查相关工作见图2-1。

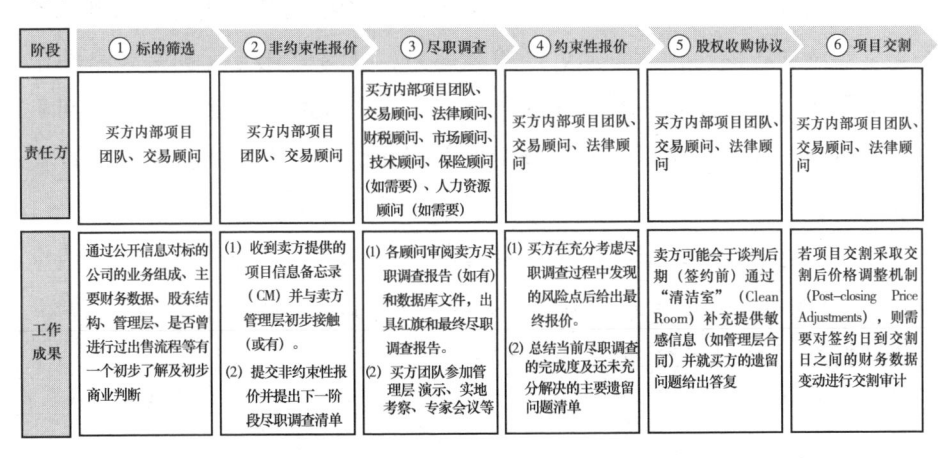

阶段	①标的筛选	②非约束性报价	③尽职调查	④约束性报价	⑤股权收购协议	⑥项目交割
责任方	买方内部项目团队、交易顾问	买方内部项目团队、交易顾问	买方内部项目团队、交易顾问、法律顾问、财税顾问、市场顾问、技术顾问、保险顾问（如需要）、人力资源顾问（如需要）	买方内部项目团队、交易顾问、法律顾问	买方内部项目团队、交易顾问、法律顾问	买方内部项目团队、交易顾问、法律顾问
工作成果	通过公开信息对标的公司的业务组成、主要财务数据、股东结构、管理层、是否曾进行过出售流程等有一个初步了解及初步商业判断	(1) 收到卖方提供的项目信息备忘录（CM）并与卖方管理层初步接触（或有）。(2) 提交非约束性报价并提出下一阶段尽职调查清单	(1) 各顾问审阅卖方尽职调查报告（如有）和数据库文件，出具红旗和最终尽职调查报告。(2) 买方团队参加管理层演示、实地考察、专家会议等	(1) 买方在充分考虑尽职调查过程中发现的风险点后给出最终报价。(2) 总结当前尽职调查的完成度及还未充分解决的主要遗留问题清单	卖方可能会于谈判后期（签约前）通过"清洁室"（Clean Room）补充提供敏感信息（如管理层合同）并就买方的遗留问题给出答复	若项目交割采取交割后价格调整机制（Post-closing Price Adjustments），则需要对签约日到交割日之间的财务数据变动进行交割审计

图2-1 并购交易流程及尽职调查相关工作

尽职调查通用工作流程包括成立项目小组、根据交易流程确认待尽职调查范围、选聘各领域专业尽职调查顾问、制订尽职调查计划、调查及收集资料、撰写尽职调查报告、将尽职调查的发现融入估值分析与交易合同条款中、进行内部复核。实际工作流程因具体尽职调查方向的不同而略有差异。关于尽职调查团队的组织架构和分工，国家电投所属各单位应根据自身部门设置、人力资源情况和具体项目需要进行确定，相关示例可参考附录 A 第 A.3 部分。

2.3 尽职调查顾问选聘

通常境外新能源项目并购需要选聘尽职调查顾问实施尽职调查，选聘合适的尽职调查顾问、明确尽职调查顾问的责任、处理好与尽职调查顾问的关系是尽职调查过程中需要重点关注的三项内容，其对于尽职调查工作能否按计划高效顺利开展、最终的尽职调查成果质量好坏具有重要的影响。尽职调查顾问的选聘原则上应满足专业匹配、资信良好、无利益冲突等条件，选取境外新能源资产并购咨询经验丰富，熟悉目标资产所在国或区域新能源市场的行业情况、法律法规及技术标准，信誉与业绩良好的专业顾问机构。技术尽职调查应充分发挥国家电投内部技术团队资源并可聘用国际顾问联合开展。法律尽职调查应聘用有资质的国内顾问和国际顾问联合开展，并应符合国家电投法律中介机构聘用管理相关制度规定。财务、税务等尽职调查应委托具有资质、经验和能力，并与委托方无利害关系的中介机构开展。推荐选聘在资产标的国有实体办公场所及专业人员的顾问机构，以便有效参与潜在标的的现场实地考察和沟通，更好掌握项目的真实信息。

在并购交易的各个阶段，为达成阶段目标、统筹项目推进节奏，需根据并购标的的复杂程度确定尽职调查顾问的类型。以新能源项目为例，通常需要的尽职调查顾问及其相应责任见表 2-1。

表2-1 新能源项目所需尽职调查顾问及其相应责任

标的筛选	非约束性报价	尽职调查	约束性报价	股权收购协议谈判	项目交割	责任概述
买方内部项目团队（全流程参与）						买方内部团队是尽职调查工作的核心，主要职责包括聘任由投行、财务、税务、法律、市场、技术、保险、人力资源等顾问组成的买方顾问团队，就各顾问在尽职调查过程中发现的主要风险点做出商业判断，就标的公司价值做出商业判断并决定最终报价，并就股权交易协议中的关键条款给出最终意见。虽然通常情况下尽职调查顾问在其专业领域内具有较高的业务水平，但买方内部团队仍应紧密结合本单位业务实际和并购目的，坚持独立思考，在综合各方面信息的基础上，审慎做出业务决策。尽职调查的结论及顾问建议可作为商业判断的重要参考来源之一，但不可完全依赖于尽职调查顾问
—	交易顾问、投行（在较为复杂的并购交易中一般聘请交易顾问且全流程参与）					项目统筹；协调各方工作；估值；就竞标策略提供咨询；与卖方及其顾问进行沟通；协调尽职调查过程；谈判、协商
—		法律顾问				法律尽职调查；就法律相关的问题提供咨询；负责准备法律尽职调查报告；对目标公司提供的交易文件进行法律审查并提出修订意见；协助监管审批工作
—		财务、税务顾问	—	—		财务、税务尽职调查；就相关会计问题提供咨询；负责准备财务、税务尽职调查报告；税务、交易结构咨询；为估值工作提供财税相关的假设
—		市场顾问	—	—		评估目标市场（如可再生能源市场、绿证交易市场等）；对估值相关的市场假设（如电力能源价格）进行预测；负责准备市场调查报告；负责对能源购买协议进行风险评估

续表

标的筛选	非约束性报价	尽职调查	约束性报价	股权收购协议谈判	项目交割	责任概述
—	—	技术顾问	—	—	—	从资源、地理环境、开发效率、操作设备、相关协议等角度对标的进行评估；在估值过程中就技术因素相关假设提供咨询；负责准备技术尽职调查报告
—	—	保险顾问（如需要）	—	—	—	主要负责标的项目保险尽职调查；协助买方寻找合适的保险产品方案
—	—	人力资源顾问（如需要）	—	—	—	对标的公司人力资源管理、养老金、福利、奖酬等方面进行评估；负责准备人力资源尽职调查报告

2.4 尽职调查计划与统筹

尽职调查计划应根据交易具体时间限制进行整体规划。组内成员及各顾问单位应就尽职调查计划进行充分沟通，组内成员需要明确分工和责任并指定主要联络人。

尽职调查工作组及各顾问应在充分了解目标企业或资产基本情况后，制订工作方案及时间表。了解的方法有主要有以下几种：

（1）审阅文件资料，包括但不限于各种政府公布信息、公司章程、公司注册登记档案、信用报告、财务报表等，及时识别异常及重大问题。

（2）了解企业的商业模式、所处产业链地位、行业政策、会计及税务相关法律法规规定、所在行业特有财税规定、当地商业惯例等。

（3）运用分析方法，从财务分析开始，记录财务分析获得的问题，并不断追寻问题产生的原因，进一步了解项目。

（4）实地调查及观察，有针对性的对标的企业高管、财务及运营部门工作人员及信贷机构等进行访谈，对重要的原始单据进行详细检查。

（5）进行信息验证，围绕财务报表重点项目，结合现场访谈、观察等获取的信息，进行符合逻辑的内部串联、勾稽；同时通过网络、行业杂志及访问行业专家等方式，对被并购企业的历史沿革、经营现状及发展前景进行专业的分析与评估，并对通过以上程序获得的信息进行交叉验证。

2.4.1 项目启动会议

由买方团队或者交易顾问协调组织项目启动会议并准备项目启动材料，与会人员需包括买方高层及项目执行团队和顾问团队（通常包括财务顾问、会计师、律师、技术顾问、市场顾问、保险顾问、人力资源顾问等）。

2.4.2 尽职调查问卷清单

各顾问方应根据各自服务范围起草尽职调查提纲和问卷清单（questions and answers，Q&A），并在进场工作后结合书面调查和现场调查（如有必要）开始起草初步尽职调查报告（红旗报告❶）。建议每周固定时间进行项目内部电话会议，保证信息传递的通畅性和及时性；各顾问进入数据库❷，开展尽职调查工作后，应在每周特定时间提交需要上传到数据库的问题给买方团队或交易顾问，由交易顾问统一汇总后上传到数据库。交易顾问对问题清单的处理情况保持跟踪，及时统计未解答的重要问题并提醒卖方及时解答。

在对标的企业进行问卷调查的过程中，应注意合理控制问题的优先分级及提出问题的总量（特别是在竞标并购流程中受限于严格的时间限制，尤其需要注意控制好问题总量，应聚焦对项目估值和风险判定具有重要影响的关键问题），以便对方能够及时回答处理并减少对己方尽职调查报告完成进度的影响。不同专业领域间如有重合的问题，应由团队内部加以消化归并，避免造成重复性工作。

2.4.3 管理层访谈

管理层访谈通常由卖方财务顾问协调安排，标的公司管理层就公司情况进行介绍并回答买方提出的问题，通常与会的管理人员包括首席执行官（CEO）、首席财务官（CFO）、首席运营官（COO）、首席战略官、市场总监、技术总监等。

---

❶ 红旗报告（red flag report），也称为预警报告，报告内容为对公司的股票（如有）、财务报告或新闻报道中发现的潜在问题和威胁的预警。

❷ 数据库，也称为虚拟数据库（virtual data room），是用于文档存储和分发的安全在线存储库。它通常在合并或收购之前的尽职调查过程中用于审查、共享和披露重要或机密的公司文件。

2.4.4 现场踏勘

通常根据卖方的出售流程要求，买方企业确定参与现场考察的相关人员，一般包括公司高层和项目执行团队成员、交易（财务）顾问、技术顾问等。买方交易（财务）顾问在征求买方企业及技术顾问意见后，与卖方交易（财务）顾问协调确定现场考察的具体地点和时间安排，通常包括标的公司总部（或控制中心）及代表性资产。

2.5 尽职调查成果报告与应用

在尽职调查中期，买方财税、法律、技术、市场、人资、保险等顾问就尽职调查期间发现的主要风险及应对措施出具红旗报告作为尽职调查进程中第一个主要节点，应合理协调安排各顾问单位的调查结果提交及评审反馈。在咨询顾问出具红旗报告并内部汇总讨论后，应根据内部研讨成果，着力跟进调研待跟踪事宜或新增问题，并在再版、终版尽职调查报告中给出调研结论及解决措施。

在尽职调查结束时，买方财税、法律、技术、市场、人资、保险等顾问就尽职调查期间发现的所有风险出具最终版尽职调查报告。尽职调查报告为结论性工作成果，报告内容应包含尽职调查各阶段工作成果，详细分析监管政策及未来走向，全面阐述目标资产各方面情况，判断资产持续经营能力，向买方团队全方位地揭示标的资产潜在风险并就应对措施提出专业意见，给出综合性尽职调查结论。通过组织集中评审成果报告，可以充分识别和分析项目风险，准确评估目标资产质量，以辅助交易相关决策。

在成果应用方面，应重点关注各项尽职调查对估值存在潜在影响的调整项目，以及其在最终报价及交易文件中的合理表达（如在交易股权收购合同中陈述与保证条款的相应体现）。

尽职调查成果应提供顾问所在单位签字、盖章的正式版本及可编辑的Word文档、Excel表格等文件，财务模型应保留完整的计算公式，可供买方进行后续的敏感性方案测算。

2.6 尽职调查注意事项

2.6.1 财务模型与估值

各尽职调查顾问（主要涉及技术、财税、市场）工作范围应包括提供财务模型参数审核和分析建议，市场顾问还需对模型中的购电协议（power purchase agreement，PPA）收入机制进行审查。交易财务顾问团队或估值团队应提供模型参数表，由各尽职调查顾问按专业分工进行填写，由买方项目组专业人员进行审核，并经项目经理最终确认后，由估值团队作为估值假设条件。在并购交易中应注意评估估值假设的可行性边界条件，并充分考虑配套交易策略的估值敏感性分析，出具多种假设组合及区间，在参考可比交易数据、不同收益率水平诉求，以及经营期、折旧、折现率、通胀率、汇率、税收、运营成本、资本性支出、价格与产销量等因素影响的基础上合理确定估值区间，严防高溢价风险。

在估值方面应考虑新能源资产收购后可行的再融资方案，以准确预测资产潜在投资收益水平。对于部分竞争激烈的新能源并购项目，再融资的估值有时会成为影响中标的关键性因素，买方财务与融资团队应与项目交易财务顾问团队进行充分细致的市场询价，在财务模型搭建阶段根据再融资结构合理设计财务模型融资成本测算方法，合理测算再融资成本，并在尽职调查工作启动早期予以考虑。

财务模型格式应符合国际并购行业的常用格式，避免使用复杂的公式，避免使用无法链接定位的函数，尽可能避免 Macro 的使用。如有 Macro，需为每行命令提供功能备注。

2.6.2 并购融资筹划

并购融资规划应当充分考虑实际融资条件的可行性风险，注意企业并购后债务增加带来的财务杠杆和企业资本结构的平衡。并购融资的规模及主体需要根据收购主体相对于资产交易规模的适配性进行论证和规划。此外，在尽职调查过程中应充分考虑提供并购融资的机构所关注的核心风险审查点，并在尽职调查报告中给予足够的调研论证和说明，以确保在后续并购融资讨论阶段所需尽职调查内容得到充分覆盖,避免产生额外二次尽职调查导致交易时间和交易成本增加。

2.6.3 交易架构设计

境外新能源并购交易架构的设计通常以财税和法律因素作为核心考量,要兼顾现有境外实体的可用性；架构搭建的复杂度及所需时间；搭建投资架构所对应的交易成本及投融资、退出期的税负成本,寻求建立最佳的并购交易架构。

具体应考虑以下几方面：

(1) 收购方现有境外实体公司作为交易收购实体的特别项目公司(SPV)对于卖方来说是否提供了足够的交易确定性。

(2) 综合考量投资与融资架构,SPV是否可与标的控股公司(HoldCo)形成合并税务集团,以实现并购贷款债务从SPV层面下推至HoldCo层面。

(3) 从股息汇回税负的角度来看从HoldCo向SPV派息所应缴纳资本利得税情况是否便于将标的HoldCo池内资金向SPV层面转移。

(4) 从管理成本的角度来看拟交易架构对中间控股平台的商业实质要求的满足程度。中间控股平台的搭建应满足国务院国资委和国家电投相关规定要求,并符合设立所在地相应法律法规要求,充分考虑设立所在地对外汇的管制制度,以便于资金自由兑换及调动。

(5) 对于投资架构的税务影响应按设立阶段、收购阶段、持有阶段及退出阶段,分别评估对不同税种(资本税、企业所得税、利息预提税、增值税、股权转让税、不动产转让税等)的潜在影响。

(6) 从与合作方的管理关系、公司管理、法人治理实现便利性的角度评估交易架构设计的合理性。

2.6.4 竞标项目信息收集与竞争形势分析

对于公开招标的境外新能源资产并购项目,收购方应尽早明确投标策略,分析竞争形势,同时可以通过外聘顾问、当地合作伙伴等途径获取当地市场同类项目投资竞争形势及潜在竞争对手的详细信息,及时调整优化自己在交易流程及尽职调查估值中的整体策略。

对于非公开招标的境外新能源资产并购项目,项目时间紧迫性通常比竞标类项目低，一般在进入尽职调查程序前争取排他期与卖方进行排他性谈判。在信息提供方面，非公开招标项目卖方的信息准备程度通常低于竞标类项目，买方需投入更多的时间和精力做全面的尽职调查，尽职调查工作的期限通常会更长。

2.6.5 并购策略与谈判

在并购的不同阶段需要采取不同的策略和谈判技巧，应根据目标企业类型、体量、资产性质等做好充分的谈判准备，制定合理的并购策略。

（1）对于在运资产并购项目，应在满足集团收益率标准的基础上，针对项目交易竞争形势并参考同国别同行业的市场水平及可比项目给出合理估值。如卖方同时为在运资产的运维方，可酌情考虑与卖方签订价格合理的运维服务合同，提升收购方案的整体竞争力并增加收购后平稳接管和安全运营的确定性。

（2）对于在建资产并购项目，除去以上所述考虑因素外，在卖方为建设进度和投运时间作出有效承诺及担保的条件下，可考虑发挥自身优势为项目建设提供必要支持，优化并购方案的竞争力。

（3）对于开发权并购项目，除去以上因素外，在开发权定价上，可在充分调研项目预计建设成本及项目总投资额不超过当地同类在运营资产平均估值区间的情况下，合理确定开发权定价。

企业在公开竞标过程中需要参照市场惯例，准确把握自身的商业需求，合理评估各项风险对交易的影响和自身的风险承受能力后结合实际情况，对目标企业价值进行全面评估并制定报价策略，在报价和SPA修改中可适当保留一定弹性以体现企业自身的抗风险能力，提升在竞标中的竞争力。

2.6.6 项目背景信息调研

投资单位尽职调查人员应根据自身经验对项目所在国家的政治环境、货币政策、卖方的背景信息、标的公司的背景信息（基础背景、技术能力、市场表现、行业口碑、重大负面舆情、受国际组织和国家制裁情况、出售项目原因、其他项目履约情况）等进行收集和梳理。可根据需要聘请专业的背景调查公司协助进行此项调研。

第3章

技术尽职调查

技术尽职调查应参照国家电投已发布的《境外新能源项目技术尽职调查指引》，优先采用所在国市场惯用的行业标准或规范对项目的资源、建设条件、设计、施工和运营状况进行复核。

对于在运营的新能源资产，技术尽职调查的重点略有不同。光伏项目应着重分析资产所在区域太阳能资源情况（光照强度、辐射数据等），同时收集气象、水文、电网等基础资料，收集已建电站的系统设计方案，根据光伏方阵布置和环境条件等因素，结合实际运行数据，对系统发电能力做出全面科学的评估。风电项目应着重评估风资源及发电量（风资源条件、各个机位风况、风电机组选型、场址环境条件下的动态功率曲线、发电量预测分析），场级整体评估（零部件一致性及品牌与质量、发电机组认证情况、资料审查及关键零部件质量评估），风力发电机组运行评估（风电机组运行可靠性评估、风力发电机组出力情况评估、项目运维能力核查）。除了风机参数确认外，还需对风资源、技术方案、工程造价、项目经济性等内容予以复核。

对于在建项目及开发权项目，还应同时关注与资产相关的敏感性因素，如生态环保要求、土地规划、林业、军事等建设工程影响条件，此外还应加强工程项目合法性的审查，确认接入系统审批情况和送出线路规划等问题，尽可能降低建设过程中可能存在的施工合同争议、征地困难、环境修复等风险。

技术尽职调查应遵循严格规范的尽职调查方法，具体应参照国家电投《境外新能源项目技术尽调指引》。其主要流程及内容包括：

（1）资料收集。根据项目阶段（前期、建设或运营）制定不同的资料收集策略，充分使用卖方开放的数据库、市场监管部门公开资料、行业协会公开资料、政府及其他权威机构公开发布的数据资料。

（2）分析复核。对处于不同开发建设阶段的新能源资产，分析复核的侧重点有所不同，大致可以分成以下三个阶段。

1）前期阶段（开发权项目）。收集前期项目阶段的资料，己方的技术团队或委托第三方咨询机构复核观测数据的真实性和有效性，相关数据将作为资源开发、发电量测算的基础；分析所选系统设计方案的合理性，计算预期发电量与可研报告测算的发电量是否存在较大出入。

2）建设阶段（在建项目）。收集核查工程设计资料、验收资料，检验其资料是否完整、真实。资料包含但不限于：项目建设组织和管理文件、合同执行文件、重大设计变更文件、调试质量验收文件、专项验收文件、图纸、技术档案和施工管理资料验收文件、系统接入批准文件、现场设备照片、铭牌信息等。同时应根据设计资料进行发电量测算，测算结果作为项目经济性分析的重要输入条件。

3）运营阶段（在运项目）。准确掌握项目的实际装机容量和并网容量，掌握项目运行期间发电情况，是否存在限电情况，项目权属与相关合同情况，包括但不限于：发电量数据、竣工建成情况、现场运维情况、入网许可证明、购售电合同、发电设备情况、建筑设施及常规运营手册。

（3）综合评估。在考虑上述及相关技术信息之后，提供适合项目与相关方的有关结论与建议，包括但不限于：识别关键风险、按照风险的严重程度和预期后果确定风险分级、出具相关评论及建议等。

3.1 批文及许可技术复核

批文及许可技术复核通常配合法律尽职调查开展，从技术角度复核所有取得施工许可前所需政府批文及许可证件，包括但不限于：项目所在国政府颁发的项目开发授权协议、购电协议、环评报告及批复（可能还包括鸟类评估、噪声评价等）、环保审批文件、土地权属文件、矿产压覆报告（如需要）、地质及地震灾害报告（如需要）、接入系统方案、电力系统研究报告、电网接入协议、送出路线路径、环评与许可文件、军事和文物等其他部门出具的批复文件（如需要）、项目建设工程开工许可证、输电线路建设工程开工许可证等。具体适用的复核所需批文及许可清单应根据不同国别不同种类项目因时因地制宜。

3.2 电站设计及电网接入复核

对电站设计而言，技术尽职调查应重点复核接入系统审批情况、接入系统报告及审查意见、获得批准的接入系统方案，以及对周边同类项目技术条件、技术方案、建设或运行情况的调研。此外，还应整体落实项目设计、建设、运行所遵循的规程规范，落实当地政府对于设备供货商和材料产地的要求。

对于风电站设计的主要审核内容与光伏电站设计的主要审核内容有所不同，详细参见《境外新能源项目技术尽职调查指引》。

此外，技术尽职调查还应审核升压站结构、排布、电气直流（DC）系统、交流（AC）系统等相关文件，并复核当地电网的主要技术参数与特点，以及当地国家电网出具的技术连接条件验证报告或电网规范合规报告，以确认电站联网状态，以了解电站是否曾存在因不满足电网规范被考核情况。

3.3 资源评估

3.3.1 风资源评估

风资源评估主要对项目风能资源丰富程度和稳定性进行评价。根据卖方公开数据及第三方数据审核目标资产所处地理位置的海拔、平均风速，以及风功率密度、风向玫瑰图、风切变指数。

根据收集的测风数据对风资源进行评估，主要评估测风数据的时长、完整性、有效性；评估风向、风能、风频等内容；测风塔代表性分析；绘制场区范围内资源图谱等。

对风塔地理位置进行调查时，应赴现场对测风塔进行现场踏勘并取得全球定位系统（GPS）定位坐标、测风塔照片、测风仪器安装方向、测风塔周边的环境照片、测风塔安装报告、维修报告等资料。

复核风能资源包括风电场的空气密度、轮毂高度（或测风塔临近轮毂高度）年平均风速与风功率密度、轮毂高度年风速频率分布与风能频率分布、轮毂高度年风向频率与风能密度方向分布、风向及风能玫瑰图、轮毂高度50年一遇最大风速与极大风速、轮毂高度特征湍流强度与风切变指数等。

根据风能资源复核结果，对设计文件中项目风能资源分析结论的合理性进行评价，主要对项目风电场年平均风速、主风能方向、适用的机组安全等级划分的准确性与合理性进行分析，并对项目的风功率密度等级进行评价。

针对开发权项目，应收集测风塔数据，在确保数据完整性的基础上结合地形情况，评估风资源和预期发电量数据，复核风机选址和布置。

3.3.2 光资源评估

光资源评估主要对项目太阳能资源丰富程度和稳定性进行评价。根据卖方公开数据及第三方数据复核目标资产所在地的总辐射、散射辐射、直接辐射、温度等指标，依据装机容量和电网消纳的匹配度或以购电协议（PPA）规定为依据测算出弃光率。必要时，应进行不确定性分析，并计算不同百分位来决定其资源可靠性。

可采用卫星遥感观测数据、气候学推测数据或太阳能气象观测站监测数据对项目太阳能资源进行复核。对于有倾角的光伏方阵，计算全年辐射量最大的倾角数值范围。根据最大辐射量对应的角度确定最佳倾角，并计算光伏电站实际安装倾角的辐射度损失量。对于山地或有水平面遮挡的安装地区，倾角计算应考虑地形地貌及周边建筑物等因素。

光伏方阵各排、列的布置间距应保证每天9：00—15：00（当地真太阳时）时段内前、后、左、右互不遮挡。

此外，光伏方阵采用固定支架或跟踪系统对于光资源的利用亦有影响，采用自动跟踪支架通常比采用固定支架发电量提高20%～35%。

3.4 技术方案评估

3.4.1 风电项目

对项目容量、风机选型、电气系统、升压站及相关辅助设施、接入系统等内容进行评价。主要关键指标包括但不限于：主要设备型号、风机数量、风机功率及型号、建设高度、风轮直径、扫掠面积、变电站设计及设备配套、装机容量等，评估其总发电量、尾流损失、技术和运营损失、长期发电量、功率密度、运营时长（h/y）、湍流强度、尾流效应损失、电网变压器过载、衰减率、负载系数等。

3.4.2 光伏项目

对项目容量、光伏发电系统、电气系统、升压站及相关辅助设施、接入系统等内容进行评价；对主要设备的安全稳定性进行评估，包括根据当地规范标准要求的认证情况等。主要关键指标包括但不限于：组件及逆变器型号、支架类型、直流容量、交流容量、安装角度、组件串联数量、组串数量、逆变器型号及数量、远处遮挡、近处遮挡、反射影响、灰尘损失、高温及低温下的组件损失、组件质量损失、组件功率衰减、组件及逆变器运行损失、衰减率等。

3.5 发电量及历史运营情况复核

发电量及历史运营情况复核重点关注项目的发电量、上网电量、损失电量及原因、限电量、系统效率（适用于光伏项目）等关键运营参数。基于关键运营参数，对项目全部运营期发电量、利用小时数进行相应复核、修正。针对在运项目，要对其运营管理模式、运维合同权责划分、HSE绩效管理及标准要求予以复核。

3.6 现场踏勘及施工质量评估

现场踏勘能更精确地帮助收购方及技术顾问获取关于资产更全面的技术、施工质量信息，以及建设管理、施工组织管理、质量管理及评价等内容，从而评估资产的质量。现场踏勘的细致程度主要取决于项目卖方所提供的资料（相关试验、调试和隐蔽工程等）的详实程度。在现场踏勘时，技术顾问应重点分析核实以下两方面内容。

（1）设备质量。对于光伏项目，复核资产的模块型号、结构、DC/AC系统、逆变器、汇流箱、箱式变压器、变电站、辅助系统等设备特征及质量；

对于风电项目，复核风机型号、轮毂高度、额定容量、风机数量等设备数据，并对照卖方及生产厂家提供的设备技术数据文件来确保设备特征的真实性。复核主设备的检修情况、实际可利用率、故障更换情况。针对开发权及在建项目，根据实地勘测情况，比对项目设计方案中涉及资产设备数据，以确定是否符合现场实勘情景。

（2）施工水平。复核发电模块的装配方式、内部道路建设、排水系统布设等。施工质量评估包括检查工程质量管理文件编制和执行情况，对质量目标、质量管理团队组织、人员资质、分层分级质量验收评价机制的实际执行情况做重点调查。在评估施工质量时，技术顾问应关注以下内容：

1）对风电机组或光伏发电单元、箱式变电站基础、变电站与控制设备，以及场内道路等土建构建筑物进行质量评价。

2）对风电机组或光伏发电单元的安装、调试与试运行施工质量进行评价。

3）对箱式变电站安装与试验进行质量评价。

4）对集电线路安装（含电杆基坑、基础埋设）及调试工程进行施工质量评价。

5）对升压站设备安装和调试施工质量进行评价。

6）送出工程应考虑规划整体性和运行需要，确保送出工程与电源建设的进度相匹配。

具体施工质量评估要点详情参见《境外新能源项目技术尽职调查指引》。

3.7 设备技术性能复核

设备技术性能复核是对重点生产场所、设施进行现场勘查，了解主要设备运行情况、工程组织情况与施工进度，如有条件可访谈现场生产人员，核实前期工作中发现的重点问题，掌握第一手资料。设备技术性能复核包括并不限于以下方面：

（1）土建工程设备。

（2）电气工程设备。

（3）消防工程设备。

具体设备技术性能复核要点详情参见《境外新能源项目技术尽职调查指引》。

3.8 性能保证复核

3.8.1 EPC 合同性能保证复核

EPC 合同性能保证复核的主要目的在于确定标的项目的工程总承包与行业标准和市场规范的符合性，分析 EPC 合同履行的关键影响因素，对有关重大发现和（或）识别的风险进行总结。

根据 EPC 合同，复核合同缔约方、缔约日期及有效期限、进度要求、合同范围、界限与变更、承包商与业主的责任范围划分、EPC 合同投保保险类型及承保范围、合同保证值和处罚规定、业主和承包商的责任与义务，以及违约责任、认证情况、备品备件、价格、付款方式和质保金保函、调试测试系统、临时和最终验收测试、质保违约金、遗留问题处理流程、所有权转让、质保、责任限额、延迟违约金、不可抗力等关键因素。

3.8.2 运维合同性能保证复核

运维合同（O&M 合同）性能保证复核是对运维管理情况进行整体复核，包括资产运维模式是外包运维还是自行运维，以及运维合同、组织机构、近年关键运行指标等运维情况。对外包运维模式，重点关注运维服务合同有效时间、合同终止与赔偿责任、服务范围、服务价格、性能保证指标计算方法，关注运维队伍市场资源情况，判断对其依赖程度等。针对自行运维模式，重点关注运维人员构成、运维中心分布、工作流程、安全管理等。

根据运维合同，复核缔约方、缔约日期及有效期限、服务价格和每年的价格上涨规则、工作范围及例外、O&M 合同投保保险类型及承保范围、分包商、报告责任、可利用率保证、可利用率赔偿、现场维护人员，以及保证响应时间、备品备件、质保服务、责任限额、不可抗力等关键因素。

对于实行整体或部分运维外包的电场，审查相关运维合同，重点关注合同范围、分包运维组织和管理模式、运维绩效保证值、运维 HSE（健康、安全、环境）考核指标、合同价格条款和合理性、与成本对比分析、双方义务和违约责任、合同年限，以及续约规定、合同条款与购电协议要求的差异。

对已投运电站应关注运维合同执行情况，考核指标完成情况，指标计算及赔偿金数额是否存在争议及赔付情况；研判缔约方长期履约能力和意愿。

3.8.3 购电协议性能保证复核

复核购电协议的买方及资信、起始日、结束日、购电协议类型、价格及延期支付赔偿等相关条款。

关注购电协议（运营期）到期后电站资产处置、场地恢复、移交等相关要求。

配合法律组审查购电协议（PPA）的关键条款，重点了解协议年限及剩余时间、年发电量要求、电站可用率规定、协议双方的规定义务和违约责任。

了解购电协议的实际执行情况、支付担保类型、合同发电量完成情况、电站可用率水平、调度限电情况等，以及是否存在技术争议和解决情况。

3.8.4 其他重要协议性能保证复核

审核其他重要协议，主要包括以下几方面：

（1）电网接入协议。配合法律组审查电网接入协议的关键条款，重点关注电网要求的接入技术条件、协议年限及剩余时间，以及是否允许扩建等信息。

（2）主要设备合同。关键设备合同审查可采用文件审查与现场检查相结合的方式进行，主要包括设备供货完整性、配置合规性、技术参数合理性、考核指标优越性、质保期限、备件来源及价格。

（3）技术要求和合同条件审查。

1）技术要求审查。

——配置合规性审查。关键设备的实际主要零部件品牌配置应符合技术合同规定，主要部件品牌代用与变更手续应完整。

——设备技术参数审查。关键设备的主要技术参数应合理，满足设计与现场条件等要求。

——考核指标优越性审查。考核指标应处于行业先进或平均水平，考核方案应明确，不存在潜在合同风险。审查合同对设备的性能考核要求。

——供货范围完整性审查（含备品备件、特殊工具、技术文件与技术服务等）。审查合同中的进口范围、分包与外购范围；审查关键设备采购技术合同供货范围，并通过现场检查进行设备供货范围完整性核对。

2）合同条件审查。

——审查设备质保期与项目质保期是否保持一致，审查供货范围。

——审查设备供应商应提供的技术服务项目（包括现场服务、设备培训等）。

——审查合同中的监造检验条款及供应商所提供的检验测试计划（ITP）。

——审查供应商的第三方认证报告情况。

——审查合同对设备包装、运输的要求。

——审查合同设备的交货地点、交货状态及交货进度等。

对于风机及光伏设备，应审查合同供货范围中对于运输工装的约定是否包括在供货范围中，以及是否需要回运等。涉及大件运输的设备合同，应审查厂家组织的运输与业主或承包商组织的运输的衔接，以及对道路分界点的界定。

3.9 进度与成本复核

针对开发权项目，应针对各资产的开发进度进行即时审查，并在资产达到可建状态时进行技术复核。针对在建项目，核查项目预算与实际发生成本数据，当达到建筑工程相应节点时应根据所属 EPC 合同条款复核项目建筑的进度和成本合规性，以确定项目建筑及设备承包商是否满足相应的收款条件。针对在运项目，要针对管理、运维及后续追加投资成本进行复核，保证设备寿命及电站有效运营。

第4章

法律尽职调查

境外新能源并购项目法律尽职调查的主要对象为境外新能源运营公司、资产或持有境外新能源运营公司或资产的夹层公司（HoldCo），其目的在于确定目标公司或资产的运营合法性、发现并购交易的法律风险、为调整交易架构和交易价格提供依据等。

境外新能源并购项目法律尽职调查的惯常方法包括：向目标公司调取相关资料文件（通常情况下卖方会备有卖方法律尽职调查报告及数据库）、向行政机关和公共机构调查、网络检索。

具体项目分工应以外聘法律顾问调查为主，买方内部团队为辅助及指导，联合完成法律尽职调查的流程及工作成果。

法律尽职调查包括评估东道国法律整体及新能源相关法律法规，掌握东道国新能源投资审查流程，针对标的公司或资产做全面法务事项审查（组织文件、项目许可、重要合同协议、纠纷与诉讼、合规、权属关系、保险及关联交易等）。法律尽职调查还应包括对土地、劳工、进出口管制、国际制裁、项目涉美因素等专题的尽职调查。

4.1 东道国法律环境评估

4.1.1 法律体系及法治环境

对法律体系尽职调查，应核查法源、判断东道国是普通法法系或是民法（大陆）法系，包括东道国法律体系中可能影响潜在投资的主要问题，以及找到项目所在国法律环境制约的解决方案。

对法治环境尽职调查，应核查东道国合同法对合同自由度的限制、可使用的纠纷解决机制及诉讼仲裁效率、主权豁免权，东道国加入《华盛顿公约》和《纽约公约》的情况，政府组织对于境外新能源投资的批准和授予、监督和管理，反垄断审查，国家安全审查，敏感、关键基础设施管理，公司法，招投标，工程承包，新能源设备进口，能源生产及销售数据出境，能源行业监管，卫生与安全法，破产法，劳动法，移民法（涉及后续中方人员外派及居留），社会保险法、工会法、土地、环境相关法规，对外商直接投资的限制、财税法规、货币兑换的控制等方面的宏观法律框架。

4.1.2 能源电力法律框架

尽职调查人员应关注东道国能源电力相关的法律框架，着重注意电力、新能源等方面。同时，注意东道国能源电力市场监管和电力安全监管方面的法律、行政法规、法令、法案、规范性文件及其他具有强制效力的规定。与此同时，与能源项目土地及输电线路相关法律规范也需予以重点关注。

4.1.3 外商直接投资相关法律法规

尽职调查人员应审查目标企业所在东道国外商投资相关的法律法规，对于东道国外资促进（如东道国鼓励类目录明确鼓励外商投资的领域及投资此领域能够享受到的投资优惠待遇等）、外资保护（国家及地方政府层面对外商投资应有的保护），以及外资管理方面的法律规定，结合目标企业的潜在投资机会进行分析，同时明确外商投资的法律责任及某些禁止、限制外商投资的领域等。

4.1.4 新能源相关法律法规

尽职调查人员应审查目标企业所在东道国新能源法律法规，明确该国对新能源行业发展的态度及举措（是否有鼓励新能源发展的措施），对新能源行业的监管及针对不同能源类别（风能、太阳能等）的具体条款等。

4.2 东道国新能源投资审查

4.2.1 外商投资审查

对外商投资进行审查是国际上的通行做法，美国、欧盟等发达经济体均有自身的外商投资审查规定，而且日趋严格，如美国出台《外资风险审查现代化法案》，欧盟出台《外国直接投资审查条例》，澳大利亚出台《外商投资改革法》，英国出台《国家安全和投资法》等。部分经济体的外商投资审查泛化国家安全概念，模糊审查规定，有将外商投资安全审查异化为保护主义举措的趋势。

外商投资审查领域通常可能包括关键基础设施，如能源、运输、水务、医疗卫生、通信、媒体、数据处理或存储、航空航天、国防、选举或金融基础设施、敏感设施,以及对于使用这些基础设施至关重要的土地和房地产等。另外还适用于关键技术和军民两用物项,包括人工智能、机器人、半导体、网络安全、航天航空、国防、能源存储、量子和核技术,以及纳米技术和生物技术,还可能包括关键原材料的供应(如能源或原材料及粮食安全等)、敏感信息的获取(如个人数据或控制这些敏感信息的能力),以及媒体的自由和多元化。

尽职调查人员应确认目标企业所在的东道国是否建立外商直接投资审查制度。若存在外商直接投资审查制度,应明确外商投资审查的触发条件,确认其申报要求和审查的性质,明确新能源领域的投资属于其东道国审查所规定的行业类型(非常关键的行业或一般性行业),并且明确外商投资审查所需要的流程和时间,以及如无法履行审查将会受到的潜在处罚等。

4.2.2 国家安全审查

对于出台了特定投资与国家安全相关法规的目标国家(如美国及英国),特定行业特别是能源相关行业的跨境投资则可能会属于国家安全审查监督的范围,具体申报及审批流程可能与外商投资审查类似但侧重或略有不同。

尽职调查人员应确定目标企业所在东道国国家安全审查监督的外商投资类型(如外国投资者单独或者与其他投资者共同在其境内投资新建项目、设立企业或外国投资者通过并购方式取得其境内企业的股权或资产、外国投资者通过其他方式在境内投资等)、安全审查监管的行业领域、目标企业所在东道国负责安全审查的机构、安全审查程序的触发方式、安全审查的程序及违规的责任。

此外,应对不同项目投资架构是否会触发国家安全审查作出充分的研究判断,以便在交易架构设计中充分考虑到国家安全审查因素。

4.2.3 反垄断审查

反垄断审查通常为目标投资国家或地区反垄断监管机构对于特定行业竞争集中度进行的审核及管控。投资方企业应注意是否在目标国家及地区已有同类业务或资产,以及与拟投资标的合并后市场占有率是否会触发监管红线。

尽职调查人员应确定目标企业所在东道国反垄断审查的主要法律法规、

法律依据，应分析东道国对垄断的定义与性质，反垄断调查的阶段和期限及在每一个阶段内所调查的内容，反垄断结果的公示及相应的处罚等。对于已有存量投资的目标投资国，需特别注意拟增量投资与存量投资总和在总装机容量或总投资额层面是否会在一定条件下触发更高层级的反垄断审查，以及对交易潜在审批流程材料准备及审批时间造成的附加影响。

此外，应对不同项目投资架构是否会触发反垄断审查作出充分的研究判断，以便在交易架构设计中充分考虑到反垄断审查因素。

4.3 标的公司组织文件审查

4.3.1 公司章程

尽职调查人员应审核公司章程（含股东协议等基础协议，如有）中的必要记载事项和任意记载事项，重点对目标公司股东成员的权力与责任、公司的组织规则和公司的权力运行与行为规则进行审查，需特别注意公司章程中在一方股东出售股权时其他股东的优先购买权、拖售权、随售权等可能对股权并购事项产生影响的规定。

在必要记载事项中，尽职调查人员应审核目标公司名称和住所；公司经营范围；公司设立方式；公司股份总数、每股金额和注册资本；发起人的姓名、名称和认购的股份数；股东的权利和义务；董事会的组成、职权、任期和议事规则；公司法定代表人；监事会的组成、职权、任期和议事规则；公司利润分配办法；公司的解散事由与清算办法；公司的通知和公告办法；股东大会认为需要记载的其他事项。

在任意记载事项中，尽职调查人员应审核目标公司根据实际情况任意选择记载的事项。任意记载事项若予以记载，则该事项将发生法律效力，公司及其股东必须遵照执行，不能任意变更；如予变更，也必须遵循修改章程的特别程序。

4.3.2 公司治理文件

尽职调查人员应审核目标公司除公司章程外的各项治理文件，如股东名册、公司资料表、行为准则、董事名单及其职责、股东提名候选董事的程序、股东大会议事规则、董事会议事规则、独立董事工作制度、信息披露管理办法、重大信息内部报告制度、内幕信息管理制度、规范与关联方资金往来的管理制度、股东沟通政策等。

4.3.3 公司工商登记文件

尽职调查人员应审核公司工商登记文件,如股份有限公司协议书、有限责任公司的经营协议、有限合伙证明、有限合伙协议、有限责任合伙企业证明、有限责任合伙企业协议等。需注意公司工商登记文件中是否包含注册号、企业名称、注册地址、法人姓名、注册资本、实际出资、企业类型、经营范围、经营期限、公司股东、联系方式等信息。

尽职调查人员应审核公司在当地工商管理部门进行的年度申报(如有)、历次股东变更、董事变更等重大变更的工商登记或备案文件,明确公司合法存续状态和公司相关信息的准确性。

4.3.4 其他证明公司依法合规经营的法律文件

尽职调查人员应核查其他证明公司依法合规经营的法律文件(税务登记、历年税务清缴证明等,如有)。

4.4 项目许可法律审查

4.4.1 环境许可

对于光伏和陆上风电项目,尽职调查人员应核查目标公司是否已取得相关环境许可证或已具备相关地方环保部门根据公司环境影响检测所得出的有利的环境影响评估(得到项目许可的前置条件)。还应核查目标公司废水管理(包括对于有害废水排放所需的净化设备,对其处理过程中的存储、标签、报告等)、土壤污染(关于是否提供运营地区土壤土质的报告并且是否对其进行定期的更新)、进水和排水(若施工运营用水是从公共用水系统中获得的,应检查是否取得相应的用水许可)、气体排放(检查是否取得气体排放相关的许可)、工业噪声(核查是否遵守相应发电设施噪声限制标准)等。

对于海上风电项目,需核查目标公司是否已取得项目所在地的海域使用权,针对不同国别需探查是否在东道国海事主管部门审批外需要特定区域相关国际监管机构额外审批。在环境影响评估方面，除去考虑常规项目之外需额外关注项目公司对于海洋生态、海事运输及当地渔业的影响。

4.4.2 施工许可

对于新能源项目而言，通常获得施工许可为实现可开工状态的最后一个步骤。通常施工许可由地区能源部门授予，而不同国家对于施工许可的颁发有着一系列不尽相同的前置条件，其中通常包括但不限于：

（1）预先行政许可；

（2）环境影响评估批准，即环境许可；

（3）公共事业声明；

（4）城市工程许可；

（5）未开发土地使用许可。

如为已建成项目，还需审核政府或电网运营方工程验收文件（如有）、消防、环保等验收文件。

4.4.3 发电许可

尽职调查人员应核查目标企业的发电许可（包括发电类、输电类、供电类），审核东道国的相关法律法规（包括但不限于东道国的电力法、电力监管条例及电力业务许可证管理规定等），根据发电、输电、供电三个类别，分别核查目标企业是否需要及是否获得相应的许可。同时，应明确发电许可获取的流程及各个阶段所要注意的事项，并且明确若无发电许可，根据东道国的法律法规，目标企业可能会面临的追责情形。

4.4.4 接入及并网许可

尽职调查人员应审核目标企业是否获得接入及并网许可（通常由国家或者地方能源主管部门颁发）；是否获得市政许可的运营执照，其代表着目标企业是否符合市政的要求、能否安全平稳的运营；是否在当地国家能源生产监管部门注册。只有满足所有条件，企业才会收到接入及并网许可。不同国家获取接入及并网许可的流程有所不同，部分国家要求企业在申请并网许可时签订电网升级协议，用于项目并入电网后对现有电网设施进行升级改造，要注意相关的责任划分及成本。

4.4.5 其他重要许可

尽职调查人员应审核项目所在国是否针对拟投资项目规定有其他的许可要求，如对军事设施无影响函、文物及文化遗产保护的相关许可、与动物保护相关的限制性措施、水资源利用及碳排放相关许可等。

4.5 重要合同或协议审查

4.5.1 购售电协议

明确购售电协议签署的参与方和购售电协议的类型，购售电协议中规定的售电单价与价格调整规则，购售电协议开始与终止的日期，购售电协议的履约担保、电费支付，以及购售电协议的终止条款、提前终止购售电协议的处理方式及争议解决方式。同时，应注意相关法律的变更和购售电协议的签署与执行情况。对于市场化售电国家的项目，如果标的项目的售电业务外包给第三方，还需审查相关营销协议，特别是相关协议中的利润承诺和超额利润分享等条款。针对履约能力不确定的购电方，需通过多个渠道（银行、信用保险等机构）予以核查确认，验证其是否具备足够的购电支付能力。如果确认对方可能无法实质履行购电义务，则需要其追加担保或是不予签约。

4.5.2 EPC 合同

明确 EPC 合同签署的参与方，审查 EPC 合同的价格和不同施工项目的造价，确认不同施工项目在 EPC 合同中的完成时间和潜在的因为项目延后可能产生的罚金（包括但不限于：部分执行进度指标的延迟、临时完成证明的延迟、最终验收证明的延迟等），调查 EPC 合同控制权的变更情况、EPC 合同的保证条款（包括但不限于：根据其从临时完成证明颁发之日起至最终验收证明签发之日止的功能、设计、执行和材料质量；在 EPC 担保期间的性能及在 EPC 合同期间可能发生的隐藏事故等）和银行担保（包括投标履约保证金及最终履约保证金等），以及 EPC 的终止条款（包括但不限于：由项目公司提出的自愿提前终止条款及对项目公司适用的其他终止条款）。

对于在建或已建成项目，应特别注意：
①EPC 合同项下的违约金构成（迟延违约金、发电效率违约金等）、计算

方式、清偿程序等。

②是否存在提前完工奖金及支付条件、金额等。

当项目施工建设并非由单一公司总包执行时应考虑分段合同的情形：

(1) 工程设计采购合同。在项目准备阶段，设计方一般应提供相应主设备的技术规范书以指导设备招标。在项目实施阶段，设计方一般应提供施工图纸并提供现场技术服务。在项目竣工阶段，设计方主要任务是编制竣工图。对于设计采购合同，主要关注审查的条款为交付金额与期限，技术文件完整性及准确性责任。

(2) 工程施工采购合同。对于工程施工的采购合同，需核查有效工期及延期解决机制，工程价款支付总额及主要里程碑，工期延误或质量不达标的相应惩罚机制。

(3) 主设备采购合同。新能源项目主设备采购合同通常以框架合同为基础，单一项目以设备采购订单条款为准。在此种模式下，应对框架合同中的关键性条款进行审查评估，如适用法律、争议解决方式及仲裁机构等。在设备相关条款上，应针对合同具体细则或订单相应条款［交货地点及期限，设备电力生产保证利用率，设备质保期限，质保责任（修理或更换主要部件的条件），付款节点和方式等］，以及限定赔偿条件进行审查评估。

4.5.3 运维合同

明确运维合同签署的参与方、合同的期限，以及不同的资产在不同阶段的价格。核对运营商担保（包括但不限于：从最终验收证书签发之日起至协议结束，相关电场的年度可用率、由于污染造成的损失和在 EPC 担保期间的容量负荷率），以及运维合同中有关服务方控制权变更的条款。

需特别注意：

①运维合同项下的违约金构成、计算方式、清偿程序等。

②运维合同项下的超额利润分享机制及相关条件。

审查运维合同的终止条款（包括但不限于：由客户提出的自愿提前终止条款、对目标公司可行的其他终止条款）。调查合同执行情况，是否存在纠纷及处置情况。

4.5.4 融资协议

审核目标公司的股权或债权融资协议（包括但不限于：信用安排限额、借贷合同、银行保函等）。特别注意可转换优先股、可转债等可转换债券的行权期、行权状态等。审核目标公司内部贷款（包括但不限于：利润参与贷款、信贷协议等）。

4.5.5 担保协议

尽职调查人员应审核目标公司是否签署过担保协议。若存在担保协议，应明确签署的地点，担保协议的甲乙双方（两方的具体公司情况及具体的担保关系），协议中债务范围、数额及清偿责任。同时，要明确担保协议的权利、义务及保证，检查协议中的违约责任及争议解决方式，要审核协议的保密条款及协议的生效、变更与解除事项的说明。

4.5.6 土地权益

尽职调查人员应核查在项目建造运营过程中对于不同的公共资产（如道路、高速公路、牲畜用地、桥洞、河流）的影响得到了公共行政部门的许可。审核项目输电线路和变电站等建设是否签署了《土地租赁和地役权协议》，并登记必要的地役权。检查项目建设用地是否全部纳入土地租赁协议等。对于屋顶光伏项目的房顶产权租约需核查租约佣金及期限、租用方责任、出租方光照通路保证责任、保险覆盖范围、赔偿条款等。

4.5.7 特许经营权许可协议

尽职调查人员应审核项目特许经营权许可协议中业主对项目开发、建设、运营的权利义务，明确在项目发生转让时需履行的流程及法律义务。同时，还需对特许经营权许可协议中针对项目享受的税费优惠政策、项目融资条件等予以明确，评估是否可能对潜在并购交易产生不利影响。

4.5.8 并网接入协议

尽职调查人员应审核项目并网接入协议中涉及继电保护和安全自动装置、调度通信设备、调度自动化设备、励磁系统和电力系统稳定器、调速系统和一次调频系统、二次调频、调压、直流系统、新能源功率预测系统、高压侧或升压站电气设备，以及涉及网源协调的有关设备和参数等（可由技术尽职调查团队共同参与），规划、设计、建设和运行管理应满足东道国法律法规、行业标准及电网稳定性要求。

4.5.9 其他重要合同或协议

审核目标公司其他重要合同或协议。

光伏及陆上风电项目需审核的重要合同在上文已涵盖。对于海上风电项目，根据不同国别对海洋区域征用的许可形式不同，可能会是执照、许可或是特许协议。当存在海洋区域征用许可协议时，应核查协议中有关协议期限，以及潜在延期协商办法、不可抗力及提前终止等条款。

对于在运项目且标的公司存在员工，还需审查劳动合同（尤其是部分国家通行的集体劳动合同）、社保情况、企业退休金、住房互助金等资金计划文件。

4.6 权属关系审查

4.6.1 标的公司股权结构

尽职调查人员应核查标的公司股权集中度，以及股权的构成及其合理性（控制权可竞争与控制权不可竞争）；研究标的公司股权结构对股东大会、董事会、监事会、经理层及相关内部机制的影响等。

4.6.2 重大债权债务审查

尽职调查人员应核查标的公司关联的重大债权债务项目权责所属方是否与交易范围内标的公司正确对应。

4.6.3 其他财产权属

尽职调查人员应对其他财产产权（如物权、专利权等）或用益权展开相应的核查。

4.7 保险

尽职调查人员应审查目标公司所持保险的有关合同保单文件的合法性、投保保险的完整性、当地保险法规要求，与保险尽职调查匹配。

4.8 关联交易

尽职调查人员应审查与目标公司相关的关联交易,包括金融、房地产与商业上的关联交易等。

4.9 纠纷及诉讼

尽职调查人员应审查目标公司是否有纠纷及诉讼。若存在纠纷、诉讼,应调查目标公司在其中属于原告还是被告,与目标公司产生纠纷、诉讼的公司的名称,纠纷、诉讼的原因与目的,纠纷、诉讼中的法律事实,诉讼所涉及的金额及是否存在场外和解协议等。

除商事纠纷外,还需特别注意环保、劳工、土地等领域的纠纷、投诉等情况,以便合理评估潜在风险敞口。

4.10 合规

尽职调查人员应检查目标公司的合规系统,包括反腐败与刑事合规,以及数据信息系统。检查目标公司合规系统的建设情况,包括是否设立员工举报、内部处理、奖惩等内部举报机制,以及吹哨人保护机制。对于第三方交易合同,是否建立合规条款管控第三方商业腐败风险。检查公司是否构建全企业人员的合规管理系统,是否涵盖基层员工、劳务工及第三方派遣人员。检查目标公司是否有反腐工作标准流程,对于公司内部腐败案件的调查是否外聘第三方律师进行调查、访谈、取证。对于数据信息系统合规性需要根据标的国家相关法律法规进行相应审查,如在欧盟及欧元经济区国家需要遵守通用数据保护规范(General Data Protection Regulation)。

第5章
市场尽职调查

境外新能源并购项目市场尽职调查的主要对象为东道国能源体系及新能源发展状态、未来市场电价曲线预测、境外新能源运营公司或资产本身市场运营状况、市场可比交易信息等，其目的在于核查项目市场假设的合理性、判断标的在预测市场环境下运营的可持续性、为调整交易价格提供依据、为估值提供参考等。

境外新能源并购项目市场尽职调查的惯常方法包括：向目标公司调取相关资料文件（通常情况下卖方会备有卖方市场尽调报告、卖方市场电价曲线预测及项目数据库），外聘顾问公司自有数据库及分析，向行政机关、公共机构调查，网络检索。

应主要由外聘市场顾问系统梳理市场尽职调查关键要点并提供未来电价曲线的预测，其中应含基荷电价及具体项目相关的捕获电价。通常情况下，体量较大的项目会有卖方市场尽职调查报告及电价曲线预测。如果有卖方市场尽职调查预测电价曲线，则需要综合考量两方外聘顾问预测结论，合理甄选。

外聘市场顾问还需审查项目不同合同（EPC、O&M、PPA）之间的潜在关系，未来的电力市场交易方式（现货交易、合同交易）是否会发生变化（不同的交易结构及市场需求会影响到PPA市场的形势）等。

5.1 电力市场概况

境外电力市场尽职调查需考虑目标国家能源电力市场整体结构、长期能源政策、批发电价动态、大宗商品价格走势和新冠疫情的影响等。

5.1.1 能源电力市场整体结构

了解目标国家能源电力市场结构应着重于以下方面：

（1）电源结构。从电力能源供给侧对目标国家能源来源结构及电力装机容量按发电技术种类细分并按年份进行分析，着重关注新能源发电在电力能源供给占比的年度演变，进而确定目标国的主要电力能源来源。

（2）电力市场供需结构。从电力能源需求侧对目标国家能源消费按用电单位种类细分并按年份进行分析，着重关注用电需求的增长驱动因素及未来增长潜力，同时应注重分析用电需求的季节性或时间性峰值。此外需关注目标国电力市场供需平衡情况，是否存在进口电力及对进口电力的依赖性，是否存在出口电力及是否供过于求而对国内电价产生潜在下行压力。

（3）整体电力系统网架结构与区域电网互联。剖析目标国家电力系统网架结构的整体连接性，是否存在部分电网输配电受限制的情况，以及与相邻国家的区域电网互联基础设施情况及供电机制。

（4）电力系统价值链及各环节运营企业。根据发电、输电、配电、售电不同环节细分研究主要运营企业及其市场占有率，以明晰市场主要参与者结构及竞争态势。

（5）从他国购电或电力外送他国的市场调研。结合目标国家电力资源整体供需状况，确定其为电力净出口国还是净进口国，从而规划潜在外部购电需求及销售情景。

5.1.2 现存长期能源政策

能源政策是指一个国家围绕能源生产、供应、消费所制定的一系列方针和策略，涉及产品价格、经济发展等多方面。了解能源政策应注意以下三点：

（1）调查目标国是否注重能源安全，能源来源是否多元化。目标国新能源政策主要目的是否为减少对化石能源的依赖，通过大力发展风能、太阳能等新能源，逐步降低化石能源在能源消费结构中的比重。对于相关新能源品种是否出台了具体的鼓励性政策。

（2）目标国是否注重节能减排，试图减缓全球气候变化影响。尽职调查人员应调查目标国的产业结构，是否在发展新型节能措施和节制高污染传统发电模式。

（3）目标国是否注重技术创新，着力发展未来新能源技术。尽职调查人员应调查目标国对能源技术创新的投入，是否有积极发展未来新能源技术，对新能源技术的投入处于什么水平等。

5.1.3 批发电价动态走势

批发电价由许多特定于每个电力市场的因素所决定。每一个季度的平均电价变化通常是随供需关系和关键输入燃料价格变化而变化的。电价还与每个季度制冷或制热需求高度关联，通常在夏季（美国、日本、澳大利亚等）或者冬季（欧洲），电价会到达一年中的顶峰。

5.1.4 大宗商品价格

大宗商品（如煤、石油、天然气）对传统发电市场影响巨大。因为传统火电发电的可调度性较强，因此大宗商品价格也将直接影响电力市场。大宗商品价格上涨通常会导致短期内电力价格的上升，而中长期的价格受到的影响则较低。

5.1.5 新冠疫情影响

新冠肺炎疫情导致全球电力市场需求趋弱，进而导致发电机组平均负荷下降，发电量减少。在后疫情时代，全球电力市场预期会逐步恢复并可能迎来反弹。通常应针对短期、中期、长期情景做不同的情境假设分析，即做全面预测性衡量。

5.1.6 其他关注要点

对于国别市场，其他需要关注的内容包括但不限于：目标国市场是否对发电收入征收发电税，是否存在绿色电力证明（绿证）及其可交易性，出售电力是否需要市场中介及所需成本等。

5.2 电力监管机制

电力监管机制是为了加强电力监管，规范电力监管行为，完善电力监管制度而设定的机制。电力市场可分为发电、输电、配电、供电等环节。根据不同国别电力市场改革进度及政策规定，电力市场的四个环节存在不同程度的监管限制。电力市场监管可以粗略地分为对电力批发市场（发电端），电力零售市场（售电端），输、配电公司的监管。在了解整体监管机制背景的基础上，应重点关注对批发市场调度的按发电技术种类界定的电量上网优先级等。

（1）对电力批发市场的监管：包括市场准入、入网审查，市场规则审查，机组、系统可靠性要求，对市场交易中心、调度中心的监管，对市场规则的强制执行，对市场参与方行为的监控，发电厂选址，减碳政策实施等。

（2）对电力零售市场的监管。包括市场准入和退出审查、市场规则设计与修改、对零售售电行为的监控等。

（3）对输、配电公司的监管。包括设定输、配电服务价格和奖励措施，制定系统可靠性标准，设定输、配电公司服务目标，审查电网投资计划等。

5.3 新能源发展政策及规划

新能源发展政策及规划能够体现出境外国家或地区在政策上对当地新能源发展的支持。全球范围的新能源产业对政府的政策法规都具有较高敏感性。在实际尽职调查过程中应关注以下内容：

（1）政府对于新能源产业的补贴。尽职调查人员需调查目标国是否有相关的法律法规支持政府对新能源产业的补贴，是否有对新能源产业长期的发展规划和补贴政策（如绿色电力证书及其配套交易机制），政府是否对新能源技术开发有足够的投入，以及对新能源企业、人才的帮扶力度等。

（2）政府对发展新能源的积极性。尽职调查人员应调查目标国政府对于新能源产业的态度和发展意愿。目标国是否有促进新能源产业发展相应法律法规及指导性政策、针对其现阶段新能源发展现状是否有对特定新能源技术发展的优先政策或抑制性政策。

（3）政府对于新能源产业的未来规划（包括但不限于对新能源产业发展的优惠政策和在未来具体年限内要达成的新能源发展目标，未来数年内拟招标的监管性、补贴性新能源资产计划等）和在未来对新能源产业的支持力度。

5.4 电价机制及交易模式

全球电力交易价格机制主要分为以下三种模式：

5.4.1 电力批发价格

电力批发价格（pool price）是指在某一时段终结时（通常为1h）电力零售商向发电商支付电力使用成本。尽职调查人员应调查目标国家电力批发价的报价机制（通常每1min都会有一个市场提交的最高价格的报价、出价，被称为系统边际价格。每个小时的电力批发价格是由所有 60 个 1min 的边际价格的平均值来计算的。边际价格实时发布在电力交易结算机构相关网站上，然后在 1h 结束后发布集合价格，并用于财务结算，计算对供应商的付款和对批发消费者的收费），调查发电厂提供给电力零售商的价格和零售商销售给消费者的价格。通常情况下，零售商购买这些电力来供应住宅和商业客户，以及大型工业客户。

市场化竞争电价机制中，发电价格由现货市场的实时交易确定。而日前交易市场、日间交易市场模式是当前市场化竞争电价机制典型的电力交易模式。

（1）日前交易市场。在电力实际被生产和消费的前一天进行的电力交易，因此市场尽职调查应调查日前交易截止时间（通常为这一天的中午 12：00，而非 24：00）。

（2）日间交易市场。日间交易的报价通常是在交易日的前一天、日前交易结束之后开始。市场尽职调查应调查日间交易所采取的交易模式（是否为连续报价模式），日间交易是否能对实际的发用电做出准确的预测等。

5.4.2 补贴电价

补贴电价是一项旨在加速推进可再生能源广泛应用的政策机制。政府与使用可再生能源发电的个人或公司签订一份长期合约，期间发电者每向公共电网输送 1kWh 电，除了获得原本的电价以外，还可以赚取若干补贴。尽职调查人员应调查目标国补贴的金额、新能源发电设施的造价及安装费用。应对比过去几年补贴电价的金额随时间的变化而产生的变化。不同国家针对不同新能源发电技术类别有着不同的电价补贴机制及算法，并且根据政府电价补贴平衡情况会进行阶段性调整，需要对补贴电价进行历史性核查及预测性分析。

不同国别需针对补贴电价进行履约能力调查，包括是否产生实付差价争议、延期、违约，以及是否产生过历史诉讼及纠纷，如有历史诉讼则需统计受补贴方胜诉记录及概率分析。应对未来补贴政策的延续性及可能变化进行合理预测。

5.4.3 购电协议

购电协议（PPA）通常是指两方之间的长期电力供应协议，是电力生产商与客户（电力消费者或贸易商）之间的协议。尽职调查人员应调查协议的条件，如要供应的电量、价格、会计审计和违规处罚。由于是双边协议，因此 PPA 可以采用多种形式，并且通常针对特定应用量身定制。

（1）企业购电协议（corporate PPA）。企业购电协议是一项长期合同，企业同意直接从发电商购买电力。尽职调查人员应注意各种不同的企业购电协议。

1）实体购电协议（physical PPA）。尽职调查人员应调查电力承销商与新能源发电商之间签订的长期购电协议（包括但不限于协议年限、每兆瓦时的固定价格等），应审核有关电力销售、购买和适用的利益分配相关规定，以及管理该销售和购买的所有规定。

——现场购电协议（on-site PPA）。现场购电协议是直接的实体电力供应。尽职调查人员应调查发电场所与消费者在物理层面上是否接近。现场购电协议意味着发电厂位于消费者的计量点的后面，甚至可能位于同一位置（如在公司现场安装）。

——场外购电协议（off-site PPA）。场外购电协议不构成发电场所与附近消费者之间的直接物理电力供应，它只是购买 PPA 中定义的实际电量的协议。与现场购电协议相比，生产者通过公共电网向消费者提供电力。尽职调查人员应调查消费者与发电场所达成的协议及消费者长期向电网运营商支付的费用，审核企业是否选择了条件最佳的发电厂和电厂及客户签订购电协议的数量，是否能够保证企业的电力供应长期的价格安全。

2）虚拟购电协议（virtual PPA）。虚拟购电协议是由实体购电协议衍生出的金融合同，但并不涉及实际电力交付。该协议具有衍生合同结构，其中承购商和发电商就新能源设施产生的电力达成明确的"执行价格"，然后各方将与其电力供应商、公用事业公司签订单独的协议，以现货价格出售、收购（如适用）电力。通常情况下卖方在搭建 PPA 架构时主要采取企业购电协议的形式，虚拟购电协议并非常见形式。

尽职调查人员应调查该协议对结算期内 PPA 的价格执行。例如，如果结算期内的现货价格超过 PPA 定义的执行价格，则发电商就该期间产生的电力向承购商支付超额部分；如果电力市场价格低于结算期间的执行价格，则承购方应向发电商支付该期间产生的电力的价格差额。

（2）市场购电协议（merchant PPA）。市场购电协议是电力交易商直接购买所产生的电力。通过商业购电协议，项目所有者将能源批发销售到能源市场或能源交易所。能源可以按小时、日前或其他短期合同期限进行现货销售。市场购电协议的价格可能远高于固定的企业购电协议，这使其成为有吸引力的来源或收入。然而，银行和投资者通常希望通过对冲和掉期的组合来抵消可变定价的风险。

购电协议定义了双方之间电力销售的所有商业条款，尽职调查人员应调查协议上包括项目何时开始商业运营、电力交付时间表、交付不足的罚款、付款条款和终止合同等信息。

5.5 电价曲线的预测

5.5.1 电价曲线简介

（1）批发电价。批发电价由许多特定于每个电力市场的因素所决定，但每一个季度的平均电价变化，通常是随供需关系和关键输入燃料价格变化而变化的。电价还与每个季度制冷或制热需求高度关联，通常在夏季（美国、日本、澳大利亚）或者冬季（欧洲），电价会到达一年中的峰值。因此季度批发电价指数可以成为追踪个体市场变化和推断整体趋势的有用工具。

为了解电价基本趋势，将电力批发市场的四个季度滚动平均价格指数化（以平滑季节性影响），按需求加权，形成批发电价指数。

（2）终端用户电价。各国的电力终端用户价格差别很大，尽职调查人员应调查最终用户价格的类型（即政府主导或市场主导），以及税收结构的构成，如增值税（新能源发电项目是否享受增值税税收优惠）、消费税（目标国消费税税率，是否免除消费税等）、环境税（二氧化硫税、水污染税、噪声税、固体废物税和垃圾税等）。

在大多数国家，家庭用电价格在很大程度上由固定的电网费用、税费等组成。由于存在较高的税收和网络费用，家庭用电价格明显高于工业用电价格（向家庭提供较低电压的电力需要更多的基础设施，产生更高的成本，从而导致更高的价格）。

5.5.2 电价曲线主要影响因素

电力市场通常受到许多因素的影响，主要影响因素有以下几方面：

（1）燃料成本。发电的燃料成本会对电力市场，尤其是传统发电市场产生巨大的影响。传统的发电市场主要依靠煤炭、石油、天然气等化石燃料，而这些燃料的价格上升，也会带来发电成本的上升，从而导致终端电力价格受到影响。

（2）电厂成本。电厂作为电力市场的关键一环，承担着生产电力的重要任务。电厂的运营、维护、检修都需要必不可少的开支，电厂成本的变化也会在一定程度上对电力市场造成影响。

（3）输电和配电系统成本。输电和配电系统指通过输、配电网络将电力从发电机输送到家庭或企业的用电设备。两者之间的主要区别在于电力输送的电压水平不同。

输电和配电系统的建造、运营、维护、检修同样对电力市场有着巨大影响。

（4）天气。天气因素会对电力市场，特别是新能源发电市场产生重大影响。恶劣的天气会对太阳能、风能等产生负面效应。

（5）市场制度。每个国家的市场制度可能存在差异，有些国家会制定、控制电价成本，有些国家则实施由市场定价的电价。电力市场制度的不同对电力市场起到了至关重要的影响。

（6）用电季节。季节性因素对电力市场也有较大的影响。通常夏天的电价较高，这时往往有更多的电力消费需求。当更多的用户需要更多的电力时，高效发电和输电的需求就会增加，同时成本也会增加。因此在夏季，电力市场往往会迎来用电高峰。

（7）用电时间。用电时间因素是指人们在每天不同时段的用电需求会有所不同。通常凌晨的用电需求最低，电价往往也会是一天中最低的；中午和傍晚的用电需求通常是一天中最高的，这时电价也同样会是一天中最高的；剩余时间的电价一般会处于中间值。由此可见，用电时间对电力市场也会产生巨大影响。不同用电时间对应的电价的分析可重点参考时间加权平均价格分析（time weighted average，TWA）。

（8）不可抗力。不可抗力因素是指不能预见，不能避免并且不能克服的客观情况。不可抗力的来源包括自然现象，如地震、台风等，也包括社会因素，如军事行动等。不可抗力因素会对电力市场产生重大影响，如新冠疫情对电力市场影响巨大，然而疫情的发生却是无法预见且难以避免的。

（9）用电需求。市场加权平均电价是将多笔电力交易的价格按各自的成交量加权计算出的平均价格，与即时电价和成交量直接相关。2020年，由于新冠疫情影响，各国家庭用电和工业用电需求都出现了不同幅度的下降，对电力市场产生重大影响。

（10）发电容量组合。由于不同发电技术入网具有不同的调度优先等级，以及传统能源的更强可调度性，各个国家不同发电容量组合会给新能源发电实际电价曲线带来不同程度的影响。为更精确地测量特定新能源实际电价曲线，可在市场平均批发电价曲线的基础上做进一步的研究，进行发电量加权平均（generation weighted average，GWA）价格分析。

5.5.3 电价曲线预测

（1）未来电价曲线预测。市场电价的预测应包括基荷价格（base load）预测，以及捕获电价（capture price）预测，即按发电曲线计算加权平均的可实现电价。

——捕获电价预测通常按不同发电技术种类分类产出，并可根据实际情况下沉到单一资产层面。

——在未来电价预测中还应充分考虑不同发电形式潜在装机容量的演变，以及所涉及的联网用电优先级。

此外还应着重考量能源政策对电价的潜在影响，例如对于不同发电形式电厂并网许可的年度招标量。

（2）新能源项目平准化发电成本预测。如果并购标的含有绿地开发项目或并购完成后会有后续的绿地开发计划，应对该国的新能源项目平准化发电成本（levelized cost of energy，LCOE）进行分析和预测，包括资本支出、融资成本、运维成本、资源禀赋、市场平均资本回报率要求、折现率的选取及比较等。此外，应了解该国市场新能源的本土化情况，如主要设备是否可以在当地生产、所在国或融资银行对设备或材料本土化率的要求等。

第6章

财务尽职调查

境外新能源并购项目财务尽职调查的主要对象为境外新能源运营公司或资产，按在建、在运项目进行区分，同时评估项目（尤其是在建项目）建设期资本投入（或计划）的合理性，以及购电方、项目电费担保方的支付能力和履约能力。其目的在于确认标的公司或资产的业务概况（包括运营主体、运营设备、资产分布等）及ESG（环境、社会和公司治理）状况、发现并购交易的财务风险、为调整交易架构和交易价格提供依据等。

境外新能源并购项目财务尽职调查的惯常方法包括：向目标公司调取相关资料文件（通常情况下卖方会备有卖方财务尽职调查报告及数据库），向行政机关、公共机构调查，网络检索。

具体项目分工应以外聘财务顾问调查为主，买方内部团队为辅助及指导，联合完成财务尽职调查的流程及工作成果。

财务尽职调查要点包括但不限于：核查标的公司或资产会计和报表编制准则；核查标的公司或资产净债务潜在调整项；核查标的公司股权结构、股东出资情况；清查标的公司债权债务，分析债权的可回收性；提交付息债务明细及融资租赁、担保、抵押、质押等情况；清查关联交易或关联往来，并揭示相关风险；核查工程投资；清理合同结算及支付情况；关注项目是否办理竣工结算，是否存在重大合同纠纷，工程投资是否固化；披露标的公司银行账户情况并开展征信调查；审计复核标的公司基准日资产负债状况、经营活动等；核查标的公司会计政策，分析与买方企业会计政策差异及并表后折旧影响，分别编制相关报表或合并口径报表（如需）。在实际调查中应注意交易架构及组织架构类型，子公司与母公司之间的持股比例，子公司之间交叉持股的比例，ESG方面的法规及风险对于标的公司持续性经营、财务预测和估值模型的影响等。

6.1 会计准则及财务报表编制基础

根据卖方提供及公开的企业审计报告及相关财务信息，审核目标企业会计报表编制基础。

审核企业在列财务报表时，注意是否严格遵循根据实际发生的交易和事项进行确认和计量，是否如实地反映企业的交易与其他经济事项，是否真实而公允地反映企业的财务状况、经营成果及现金流量。审核企业财务报表时注意除现金流量表外，是否按权责发生原则编制财务报表。审核企业财务报表项目的列表在各个会计期间是否保持一致，审核目标公司是否存在随意变更会计信息的行为等。

此外还需注意根据开发权项目、在建项目、在运项目的不同特点调整相应的关注点。

6.2 标的公司近三年财务报表及审计报告概览

对于财务报表，尽职调查人员应复核交易标的公司及下属子公司的财务报表，并从核查数据真实性及分析交易范围内净债务及净现金流的角度进行深入研究。实际操作中可能会覆盖前两年审计报表，以及当年年初至审查时间点预编财务报表的分析。

6.2.1 收支损益表

（1）收入。电力市场收入通常由四部分组成：批发电力市场收入、补贴电价收入、购电协议收入、其他收入。

1）批发电力市场收入。尽职调查人员应审核目标企业批发电力市场的历史实际收入情况。

2）补贴电价收入。尽职调查人员应调查目标企业已安装发电设备容量、造价及安装费用，并测算相应的补贴费用；要审核能够收到电费补贴的时间和受政府审查的频率；应审核因为市场波动导致的利润调整，以及因为政府法规变化导致的电费补贴差异而引起的利润调整。

3）购电协议收入。尽职调查人员应调查购电协议的签署方，以及购电协议产生的实际收入是否与协议约定相符。

4）其他收入。尽职调查人员应审核目标企业的绿证收入及其他服务所取得的收入。

(2）销货成本。

1）采购成本。尽职调查人员应审核目标企业历史年度的采购成本。

2）外包服务成本。尽职调查人员应审核目标企业历史年度外包服务成本。

(3）运营成本。

1）经营和维护费用。尽职调查人员应调查目标企业与运维企业签订的有关运营和维护的合同；审核合同规定的运营和维护范围与每年因此而产生的支出是否一致。

2）租赁费用。尽职调查人员应审核目标企业为电力设施租赁土地产生的支出，审核租赁费用的计价方式，分析租赁费用与往年相比的涨跌幅度。

3）专业服务费用。尽职调查人员应审核目标企业因雇佣专业服务（审计、税务、资产管理服务等）实际产生的费用。

4）税费。税费是指一定时期内欠地方或国家政府的债务。尽职调查人员应审核历史年份实际计入账目的税费，针对新能源项目可能包括但不限于：营业税、土地使用税、资源税、耕地占用税等。尽职调查人员需关注标的企业税收优惠取得情况，是否充分享受税收优惠政策，是否存在未弥补亏损情况，以及可结转期限。

5）保险费用。保险费用是指投保人或企业在参加保险时，根据其投保时所约定的保险费率，向保险人或企业交付的费用。尽职调查人员应审核保险实际支出（保险费用通常由保险金额、保险费率及保险期限等决定）。

6）运维费用。审核项目运营维护所产生的实际费用。特别针对在运营项目，需核对运维合同条款与实际产生运维费用是否相符。

7）其他费用。审核因银行手续费用，以及其他开销（包括但不限于硬件安装、软件更新、软件升级和清理等）所产生的费用。

（4）折旧与摊销。审核固定资产（包括建筑物、设备、办公家具、车辆、土地、机械等）的折旧，以及低值易耗品、无形资产（包括专利和商标、经销权协议等）、待摊费用、长期待摊费用的摊销。

确认目标企业在记录折旧与摊销时所使用的方法或方法的变更（直线法或加速法），以及折旧与摊销的年限等。

（5）其他收入与开支。尽职调查人员应审核目标公司因其他服务（因发生意外所获得的保险赔偿金、所获得的贷款等）所带来的收入与开支。

（6）财务开支。财务开支是指企业为筹集生产经营所需资金等而发生的费用。

1）利息支出。尽职调查人员应审核企业短期借款利息、长期借款利息、应付票据利息、票据贴现利息、应付债券利息、长期应付引进国外设备款利息等利息支出（除资本化的利息外）减去银行存款等的利息收入后的净额。

2）汇兑损失。尽职调查人员应审核企业因向银行结售或购入外汇而产生的银行买入、卖出价与记账所采用的汇率之间的差额，以及月度（季度、年度）终了，各种外币账户的外币期末余额按照期末规定汇率折合的记账当地货币金额与原账面当地货币金额之间的差额等。

3）相关的手续费。尽职调查人员应审核发行债券所需支付的手续费（需资本化的手续费除外）、开出汇票的银行手续费、调剂外汇手续费等，但不包括发行股票所支付的手续费等。

4）其他财务费用。尽职调查人员应审核融资租入固定资产发生的融资租赁费用等。

（7）公司所得税。审核目标公司所在地的公司所得税的征收原则、纳税义务，包括企业在境外经营是否需要向所在地纳税，是否存在双重征税，所得税税率、所在国公司所得税优惠政策、公司所得税征收方法，以及目标公司所得税缴纳情况等。

6.2.2 资产负债表

（1）固定资产。审核目标公司有形资产（包括土地、在建资产、预付款、公司办公用品、电脑硬件软件等）。从会计的角度划分，固定资产一般被分为生产用固定资产、非生产用固定资产、租出固定资产、未使用固定资产、不需用固定资产、融资租赁固定资产、接受捐赠固定资产等。尽职调查人员需对以上各类固定资产进行审核。

确认目标企业对固定资产的处置方式，包括固定资产的出售、转让、报废和毁损、对外投资、非货币性资产交换等。

重点核查对象应为有形固定资产及长期投资（在某些国家有企业做长期存款以获取施工许可的操作惯例）。

（2）营运资金。营运资金的核查应主要审查应收账款、应付账款，以及应收或应付税金等。

（3）净负债。对于净负债的审查需关注以下主要科目：

1）金融机构借款。

2）金融衍生品项目。

3）关联单位相关借贷与投资。

4）长短期投资。

5）现金与现金等价物。

（4）所有者权益。应审核企业所有者权益，包括：

1）投入资本。投资者实际投入企业经济活动的各种财产物资，包括国家投资、法人投资、个人投资和外商投资。

2）资本公积。通过企业非营业利润所增加的净资产，包括接受捐赠、法定财产重估增值、资本汇率折算差额和资本溢价所得的各种财产物资。

3）盈余公积。企业从税后净利润中提取的公积金。

4）未分配利润。本年度所实现的净利润经过利润分配后所剩余的利润，等待以后分配。

5）所有者权益调整项。对于所有者权益做出的估值调整需考虑掉期交易衍生品所产生的公允价值影响（包括但不限于 PPA 以及利率掉期 IRS）。

（5）其他资产与负债项目。重点审查递延税务资产。对于项目前期产生的负利润所积累的递延税务资产，尽职调查人员要细致研究其摊销抵扣规则及有效期限。

（6）表外项目。应注意核查表外资产负债项目的存在，如并网许可前提担保等。

6.2.3 现金流量表

尽职调查人员应着重关注以下几项核心内容：

（1）经营性现金流。经营性现金流指扣除企业维持经营所需的付款项目、利息、优先股股息和税费之后从核心经营活动中获得的现金流。

审查构成企业经营性现金流的收入及支出，包括销售商品或提供劳务、购买商品或接受劳务、收到返还的税费、经营性租赁，以及支付工资、支付广告费用和推销费用、缴纳各项税款等。

（2）资本支出。需特别鉴别实际已记账资本支出，并根据项目开发不同阶段界定出至审查日期的待付资本支出，以及预计项目整体完成并网发电前的预期剩余资本支出，并将后两项有针对性地在净债务总计层面做出调整。

尽职调查人员应调查是否存在项目资本支出超支的情况；资本支出是否与模型预估的资本支出相匹配；若存在项目资本支出超支的情况，目标企业是否有对资本支出进行调整，使其对应现实的情况。尽职调查人员还应注意分析导致项目资本支出超支的原因是人为原因（包括但不限于：资金链出现问题、与利益相关者的关系出现问题、不切实际的预估、不合适的系统设计、人力管理问题、风险管理漏洞等），还是不可抗力因素（包括但不限于：金融市场的不确定性、安全因素、政府对于施工人员健康、安全及环境等因素的施行新法规，新的监管措施等），同时应注意目标企业对于项目资本支出超支的应对和处理，是否有采取必要的措施来减少未来项目资本支出超支的可能性等。

（3）融资现金流。对于在建项目，需要对历史尤其是近期账目的项目融资现金流进行重点核查。因为对于开发权项目来说历史账目通常尚未出现融资行为，而在运营资产若离并网年份较远则历史账户中也可能不体现融资行为（但不排除项目再融资情形）。

6.3 基准日模拟合并财务报表

审核企业合并范围，确定哪些子公司应纳入合并财务报表（调查母公司对子公司的持股比例）。在财务报表合并程序中，子公司所采用的会计政策、会计期间是否与母公司一致。合并财务报表时，是否抵销了母公司与各子公司、各子公司相互之间发生的内部交易对合并资产负债表、合并利润表、合并现金流量表、合并股东权益变动表的影响。子公司所有者权益、当期净损益和当期综合收益中属于少数股东的份额是否分别在合并资产负债表中所有者权益项下、合并利润表中净利润项目下和综合收益总额项目下单独列示。

6.4 历年权益变动

审核企业历年权益变动是否单独列示反映净利润、直接计入所有者权益的利得和损失项目及其总额、会计政策变更和差错更正的累积影响金额、所有者投入资本和向所有者分配利润等、按照规定提取的盈余公积、实收资本（或股本）、资本公积、盈余公积、未分配利润的期初和期末余额及其调节情况。

6.5 负债明细

尽职调查人员在核定负债信息真实、准确的基础上，分析相应负债指标，从而判断对并购价格的调整事项，主要分析方面如下。

（1）应分析企业流动负债比。通过分析企业流动负债比，判断企业是否会有信用风险或是否存在资金被闲置、资金使用效率不高造成资金浪费的现象。流动负债分析包括：

1）短期借债分析。尽职调查人员应观察目标企业决定举债时，市场的经济环境、经济条件、经济形势是否对举债经营呈有利态势；企业举债后的获利水平是否高于借款利息水平。

2）结算负债分析。尽职调查人员应调查企业的商业信誉，主要体现在企业应付票据、应付账款及预收账款的多少等。

3）定额负债分析。尽职调查人员应调查定额负债的来源（包括但不限于应缴税金、应付利润等）。

（2）应分析企业的长期负债。调查目标企业的长期负债是否会对企业形成筹资风险，从而加剧企业的经营风险。应核查企业举债临界点，判断目标公司举债时借款利息是否低于总资产报酬率；应判断目标企业举债时的市场形势，市场前景是否有利于企业的发展等。获取贷款明细及所有贷款合同重要信息（明确额度、本金、抵押、担保、利率、到期日等条款），并调查贷款合同中是否存在重大的限制性条款，如涉及股东变更等可能对此次并购产生的潜在影响。

6.6 股东贷款

尽职调查人员应审查贷款的结构；是否通过股东贷款为某些公司项目提供融资；相关项目是否能根据股东贷款的付息节奏按比例支付相关利息；股东贷款是否用于公司发行的股票或双方同意的其他抵押品作抵押。

6.7 关联交易

尽职调查人员应调查企业关联交易的清单及金额，分析关联交易的性质；关联交易定价是否公允，与市场独立第三方机构间同类交易的价格是否存在较大差异；目标企业是否存在用关联方交易进行不合理的避税；目标企业能否对不符合常规的关联方交易进行合理的澄清与说明；目标企业的关联交易是否会影响潜在的并购的推进。

6.8 抵押担保

尽职调查人员应审阅抵押合同（包括但不限于：合同是否完整，是否有原件；合同与对应借款合同的编号、笔数、本金、期限是否一致；签订日期是否与借款合同相印证等）；应审阅抵押登记凭证（包括但不限于：是否办理抵押登记，抵押登记的内容是否与借款合同、抵押合同的相关内容相印证）。尽职调查人员应核查抵押人主体资格（抵押人是借款人或是第三人；若抵押人来自公司，是否有同意担保的借款合同；若抵押人是企业分支机构或其他组织，是否有相关部门出具的授权书；若抵押人是自然人，是否有身份信息）。尽职调查人员应核查抵押房产（如抵押房产是否是在建工程，抵押房产是否有公益性或行政性或其他专属用途等）。

尽职调查人员应对拟收购标的公司的对外抵押担保（包括银行担保之外的第三方，尤其是向相关第三方的担保）情况进行梳理，重点排查是否存在隐性抵押担保，是否有可能发生被索偿的风险。

第7章

税务尽职调查

境外新能源并购项目税务尽职调查的主要对象为境外标的公司所在国税务体系及目标运营公司或资产，其目的在于了解标的公司或资产涉及税务种类、发现并购交易的税务风险、为调整交易架构和交易价格提供依据等。

境外新能源并购项目税务尽职调查的惯常方法包括：向目标公司调取相关资料文件（通常情况下卖方会备有卖方税务尽调报告及数据库），向行政机关、公共机构调查，网络检索。

具体项目分工应以外聘税务顾问调查为主，买方内部团队为辅助及指导，联合完成税务尽职调查的流程及工作成果。

税务尽职调查要点包括了解东道国基本税制情况、审核标的企业历年税务申报合规性及欠缴情况、税务亏损处理、未决税务审计、重大并购与其税务处置、重大关联交易、交易架构设计的税务考量、税收减免及优惠政策，披露标的公司税务评级（如有），披露已遭受的税务处罚情况等。

7.1 东道国税制

在境外新能源税务尽职调查中，税务尽职调查顾问应全面和准确地了解被收购标的所在国（即东道国）的基本税制情况。其中应包括但不限于：企业所得税、流转税（如增值税等）、预提税、转让税、参股豁免权、资本利得税、资本弱化规定、借款利息费用扣除限制规定、税务亏损、合并纳税集团、税务追溯期，以及转让定价等相关合规要求和相关税收优惠政策等。东道国的税收法律对政府和社会资本合作项目的盈利能力有直接影响，因此需要将潜在服务供应商、投资者及东道国政府的因素纳入考虑，以保证项目的可行。

关于东道国税制应核查：

（1）项目公司需要缴纳的税款类型（流转税、所得税、预提税等）。

（2）境外投资者是否需要缴纳特定的税款。

（3）是否存在与环境污染、排放有关的税款；对于新能源项目，是否存在税收减免。

（4）利息税盾是否存在限额，如存在则应明确限定规则。

（5）明确东道国关税整体情况，以及是否与中国签订有投资贸易协定或双边税收协定。

7.2 企业所得税

应针对不同国别、拟设交易架构及不同资产类型，根据东道国税法的规定，分析并识别企业所得税的类型、税率及目标公司潜在的涉税风险。在识别企业所得税的过程中，尽职调查顾问应同时考量其他重大影响因素，如需缴纳国家层面及地方层面企业所得税的纳税人、征税范围、税基、税率、收入和成本的认定、主要税收协定、申报缴纳期限、资本弱化规定等，以及税前可抵扣和不可抵扣开支、资产资本化和折旧扣除处理、相应的折旧法规及其他重大事项。

7.3 增值税

根据东道国别、拟设交易架构及不同资产类型，分析并识别增值税的纳税人、征税范围、税目与税率（如西班牙共有四种不同类别的增值税及对应的税率分档）、纳税义务发生时间、销项税计税基础、进项税抵扣方式、税收优惠、发票要求、申报缴纳期限、税额结转及退税、增值税留抵退政策（如有），以及该国涉外业务增值税有无特殊规定。同时，尽职调查人员也应该了解增值税影响的会计处理，以及对销项税税额和进项税税额有重大影响的因素。

7.4 转让税

了解并鉴别东道国不同资产类型对应的转让税法及税率，包括但不限于股票、债券、其他金融产品、动产、不动产，以及行政特许经营权转让的对应税种和税率。同时，应关注项目并购、运营期终止是否涉及开发权或资产转让税、费等。

7.5 地方税

通常来说即使新能源资产包都位于同一个国家，但是由于东道国行政区域的划分，有时 SPV 或 HoldCo、TopCo（项目公司上层的控股企业）层面会直接或间接面临地方税的征收。在税务尽职调查的过程中，税务顾问应了解、分析并评估当地潜在的地方企业所得税、不动产税、建造税等重大税项和税率，以及潜在的涉税风险。

7.6 其他税

了解其他重要税项，包括但不限于股息税、预提税（针对股息、利息和特权使用费等）、财产税、印花税、关税、发电税、电力税等，以及后续交易的税盾处理的相关税法和潜在风险。

7.7 税务亏损处理

分析税务亏损形成时间的长短，了解东道国延续弥补期期限，免税所得弥补亏损的方法，对外投资分回利润弥补亏损的方法，汇总、合并纳税成员企业（单位）亏损弥补的方法，以及弥补亏损后有所得的适用税率的确定方法等。

7.8 未决税务审计、稽查或检查

收集、检查并判断未决税务审计、稽查或检查，包括审查纳税人是否按税法规定纳税、减税和免税，有无偷税、漏税行为，纳税的依据是否真实，计算是否正确，有无弄虚作假、截留税款现象，国家税务法规和纳税纪律的执行情况。明确若纳税人存在逃避纳税义务等行为，根据东道国法律法规会受到的处罚。

7.9 重大股权或资产并购与处置情况

在股权并购中，纳税义务人主要是收购公司和目标公司股东，而与目标公司本身基本无关。除了印花税外，目标公司股东可能因股权转让而缴纳企业或个人所得税。

在资产并购中，纳税义务人是收购公司和目标公司本身。根据目标资产的不同，纳税义务人需要缴纳不同的税种，主要有增值税、营业税、所得税、契税和印花税等。

7.10 重大关联交易及转让定价安排

应核查关联企业是否本着独立交易原则处理业务往来，企业所得税年度申报时是否报送关联业务情况报告表。

在转让定价安排时，明确是按成本加成定价还是购销双方按谈判价格来确定。核查以下几种有形及无形资产的转移定价的方式，包括但不限于：货物价格、劳务费用、专利和专有知识、贷款、租赁等。

7.11 交易架构设计的税务考量

跨境并购架构设计通常需要考虑税务、合同法、公司法、反垄断法、证券法等因素。就税务问题而言，主要综合考虑设立阶段、收购阶段、持有阶段、退出阶段的税务影响而选取最优交易架构：应该由中国企业实体直接作为收购主体，还是设立一家或多家境外中间持股实体作为收购主体；若需设立中间持股实体，设立地点的选择等。

（1）设立阶段。需根据收购方式及退出方式综合考察是由投资者直接收购还是通过一家或多家中间实体进行收购；进行不同中间持股平台国家的选择与综合税负比较及测算；实体注册时是否需要缴纳资本税；明确目标公司所在国与收购主体所在国是否签订双边税收协定，其规定的预提税税率及适用相关税率需要满足的条件；目标公司所在国与拟议的收购中间实体所在国之间签订的避免双重征税协定（或法律）规定的预提税税率。

（2）收购阶段。如拟收购标的含有不动产，则需审查是否有潜在的不动产转让税税负，以及是否涉及土地增值税。注意签署的协议协定是否触发缴纳印花税的责任。

（3）持有阶段。分析持有目标公司期间产生的增值税、所得税、预提税、印花税等税负情况，明确税务合规流程。还应考虑收购主体自身税负及税收抵免情况。

（4）退出阶段。需考虑未来出售目标公司股份涉及的资本利得税负等，如含有不动产资产应考虑是否需缴纳不动产转让税。

7.12 税收减免政策、审批流程及审批时间的复核

税务尽职调查人员应了解、分析并评估东道国与项目有关的税收减免政策及清单、审批流程和审批时间（如孟加拉国政府的电力部门签发的执行协议和购电协议中约定的设备免税与具体执行的税务部门和海关的免税清单可能会有冲突，如不能一一对应落实免税政策，将对后期的投资造成影响）。

第8章

保险尽职调查

境外新能源并购项目保险尽职调查的主要对象为目标公司或资产，其目的在于核实目标公司或资产整体保险体系及保险覆盖情况，包括金融机构关注的政治险、违约险等内容；探明保单担保不足风险；为调整交易价格提供依据等。

境外新能源并购项目保险尽职调查的惯常方法包括：向目标公司调取相关资料文件，向行政机关、公共机构调查，网络检索。

具体项目分工应视具体情况而定，在有外聘保险顾问的情况下应以外聘保险顾问调查为主，买方内部团队为辅助及指导，联合完成保险尽职调查的流程及工作成果。

保险尽职调查应关注强制性保险、在建工程保险、运营期险、重大可未保风险、索赔及损失记录、并购保险等。

8.1 强制性保险规定

尽职调查人员应审核目标企业所在东道国对于强制保险的规定，应确认目标企业购买所有由东道国法律法规规定必须参加的保险，同时应明确强制性保险的保险金额、保险责任、赔偿限额（被保险人有责任时的赔偿限额与被保险人无责任时的赔偿限额）、责任免除条款（保险公司不负责赔偿和垫付的情况），以及保险期限和投保人与被保人的信息。强制性保险的形式包括：

（1）规定在特定范围内建立保险人与被保险人的保险关系。这种形式对保险人、被保险人、保险标的范围及当事人的权利义务关系都作出明确具体的规定，被保险人或者保险人没有自主选择的余地。

（2）规定一定范围内的人或财产都必须参加保险，并以此作为许可从事某项业务活动的前提条件。

8.2 在建工程保险

尽职调查人员应核查目标公司根据适用法律规定，为本项目工程购买和维持所要求的在建工程险，包括建设期间建设施工相关保险、公众责任险及其他合理且必要的保险。

（1）建筑工程一切险。尽职调查人员应核查在项目建设、安装、试运行期间及保险合同或 EPC 合同规定的质保期内，就工程、临时工程、材料及其他将包括在项目设施内的物品的灭失或损坏的所有的可保风险（包括但不限于：火灾、雷电、爆炸、暴雨、风暴、台风、水害、水灾、旱灾、倒塌、滑坡、地震、其他事故损失、故意破坏、设计缺陷、工艺缺陷及材料缺陷等）。同时应明确在建工程险的保险金额、保险期间，以及投保人与被保人的信息。

（2）延迟完工险。在保险期限与保险责任范围内，因风险事故导致工程延迟完工，由保险公司负责对被保险人（通常为业主）的预期营收、利润、借贷费用或物料劳务因通货膨胀增加的成本等进行损失赔偿。这种财产损失风险不仅包括实体的工程财产损失，如建筑物本身的损坏损毁、机械设备的损坏损毁，还包括因此类意外风险事故导致的工程延迟所造成的相关财产损失，如为追赶延迟的工期而投入的额外费用支出、因延迟交付使用而造成的预期运营利润损失。延迟完工保险常以建筑工程一切险或安装工程一切险的附加险形式出现，很少作为独立险种进行承保，因此投保人只能通过扩展建筑工程一切险或安装工程一切险的附加险形式进行投保。延迟完工保险作为建筑工程一切险或安装工程一切险的附加险，经常会遇到主险因各种原因面临保险期限延长的问题，在这种情况下，延迟完工保险无法或很难与主险一同进行保险期限延长。

（3）第三方责任险。尽职调查人员应核查因为工程的缘故而造成第三者财产的意外损失，包括索赔人追偿涉及的法律费用，以及被保险人经保险人同意后所发生的法律费用。同时，应明确保险金额、保险期间，以及投保人与被保人的信息。

（4）货物运输险。尽职调查人员应核查对所有材料、设备、机械、零备件和其他物品（施工设备除外），从投保货物离开承包商或供货商在世界上任何一地点的场所之时开始，直至到达并卸至项目场地的运输途中的所有的可保风险。同时，应明确保险金额、保险期间，以及投保人与被保人的信息。

（5）其他险别。尽职调查人员应审核目标公司在工程建设期内所购买的其他合理且必要的保险。

8.3 运营期保险

尽职调查人员应核查目标公司在开始商业运营日或该日之前投保并在整个运营期内有效的下列险种的保险：

（1）财产一切险。尽职调查人员应审核对构成项目设施组成部分的，正在使用并位于项目范围内的所有建筑物、厂房、设备、机器、零部件、其他材料、不动产等所有可能损坏的可保风险。同时，应明确财产一切险的保险金额（通常为项目设施的全部重置价值）、保险期间，以及投保人与被保人的信息。

（2）财产一切险之业务中断险。尽职调查人员应审核在保障期内，因财产一切险保险单项下所承担的可保风险造成的业务中断或受到干扰而产生的利息、附加利息及规定的常规费用的损失。同时，应明确业务中断险的保险金额（通常为保障期发生的利息、附加利息、计划的本金付款和规定的常规费用的总额）、保险期间，以及投保人与被保人的信息。保障期根据项目电源类型和规模差异、重置时间，可以是12个月、18个月或者24个月。

（3）机器故障损坏险。尽职调查人员应审核对构成项目组成部分的任何机器、厂房、辅助设备的突然和不可预见的有形损失或损坏。同时，应明确机器故障损坏险的保险金额（通常为所有厂房、机器、设备等的全部重置价值）、保险期间，以及投保人与被保人的信息。

（4）机器故障险之业务中断险。尽职调查人员应审核在12个月的保障期内，因机器故障损坏险项下所承担的可保风险造成的业务中断或受到干扰而产生的利息、附加利息及规定的常规费用的损失。同时，应明确业务中断险的保险金额（通常为12个月保障期发生的利息、附加利息、计划的本金付款和规定的常规费用的总额）、保险期间，以及投保人与被保人的信息。

（5）第三方责任险。尽职调查人员应审核目标企业因运营和维护项目设施所造成的对第三者的人身伤害或财产损失或损坏所应承担的法律责任。同时，应明确保险金额、保险期间，以及投保人与被保人的信息。

(6) 其他险别。尽职调查人员应审核目标公司在运营期内所购买的其他合理且必要的保险。

8.4 重大可保未保风险

尽职调查人员应核查目标企业所有潜在的可用货币来计量的、偶然的、意外的风险，应确认所有可能使标的企业遭受重大损失的可能风险都已投保了适宜的保险，未遗留有重大的可保未报风险。

8.5 索赔及损失记录

尽职调查人员应核查当保险人所保内容遭受承保责任范围内的风险损失时，被保险人向保险人提出的索赔要求。同时，应明确其保险索赔程序以及索赔过程中的注意事项。另外，应统计目标企业因此次风险事件为企业所带来的损失。

8.6 并购保证保险安排

并购保证保险针对并购交易中买方因卖方违反陈述保证而造成的财物损失。尽职调查人员应核查保险买卖双方及潜在并购交易背景（如实控人、企业评级、财务及信用状况等），购买并购保证保险的目的及保险的承保范围和责任免除条款，并应检查核保所需材料是否齐全、保险办理的程序是否合规。

并购保证保险仅承保卖方的陈述保证部分，交易文件中的其他条款通常不在保险范围内，如买方陈述保证、卖方承诺、交割条件等。尽职调查人员要确定并购保证保险的赔偿限额（通常为交易额的20%～50%）、自负总额度（通常为企业价值的0.3%～1%），以及最低索赔触发额（通常为企业价值的0.05%～0.1%），同时也要检查保单时限（通常同税务陈述保证年限和商务陈述保证年限）。

针对最低索赔触发额度，如果损失低于最低索赔触发额度，则不会导致自负总额度减少。一旦损失超过最低索赔触发额度,所有的索赔都将会减少自负总额度。在满足这一门槛要求前提下,买方才可以在卖方违反陈述保证行为而给其造成损失时,直接向保险公司追索此类违约造成的所有损失(含相关辩护费用)。

关于保单时限,通常承保人会对根本性陈述与保证提供 7 年期的时限,对一般性保证提供 2~5 年的时限,对税务保证则通常根据目标国法定期限确定时限(通常为 7 年)。市场上大多数的并购保证保险是由买方缔结。如果卖方并未直接提供涵盖卖方陈述与保证的保单而提供多个潜在承保人提供的非约束性报价,此种情况下则需比较多个报价的赔偿责任上限、最低索赔触发额度、法务开销成本及其他额外保单项目,进行综合评估后选取最佳方案,同时配合 SPA 中的陈述与保证条款完整搭建出相应的责任索赔机制。

第9章

人力资源尽职调查

对于境外新能源项目，通常情况下开发权项目一般并无实际雇员因而较少涉及人力资源尽职调查，而在建项目及在运营项目根据市场惯例及管理模式的不同而有所差异。部分在运营项目通过运维管理合同和资产管理合同外包所需服务而不设置雇员，有些项目根据其项目类别及运营维护内容而设置相应的运维管理工程师。因此，人力资源尽职调查的开展方式及必要性需要根据了解的项目人力资源信息及后续的人力资源配置计划综合确定。

境外新能源并购项目人力资源尽职调查的主要对象为目标运营公司或资产，其目的在于明确目标公司或资产涉及的人力资源体系，探明交易执行可能涉及的人力资源相关风险，为调整交易架构及价格提供依据等。

境外新能源并购项目人力资源尽职调查的惯常方法包括：向目标公司调取相关资料文件，向行政机关、公共机构调查，网络检索。

具体项目分工应视具体情况而定，在有外聘人力资源顾问的情况下应以外聘人力资源顾问调查为主，买方内部团队为辅助及指导，联合完成人力资源尽职调查的流程及工作成果。

人力资源尽职调查要点包括员工概览、相关法规及内部政策、雇佣合同、工资与社会福利、社会保险、终止雇佣合同、未决诉讼、劳动监察、工人代表、项目所在地社区支持和认可、内外部舆情影响及应对、主要股东及高管商业诚信状况等。

9.1 员工概览

尽职调查人员应核查目标公司员工情况，包括员工数量、受教育程度、技术技能及资质，以及正式员工与临时员工的比例等。同时，应核查员工的工作区域，区分不同工作区域的员工所从事的工作类型。还应核查员工的年龄、平均工龄及薪资情况等。同时要注意因为特殊原因暂时离职（家庭原因、法律原因或自愿离职等）的员工的情况及他们的离职日期。

尽职调查人员应核对目标公司董事和经理人员名单及对应的职务。应核查首席执行官、总裁等高级管理人员的合同情况，如工作任期、年均固定收入、终止条款等。对于其他管理人员，应核查其工作时间、薪金与补贴、薪金报酬体系、试用期范围、保密原则、数据保护、知识产权保护、工作岗位轮换、工作地点轮换等。对于新能源开发公司类的投资项目，需特别注意高管的中长期激励、在股权变更时的相关福利和权利等规定。此外，尽职调查人员应核查是否存在通过第三方合约产生间接雇佣关系的情况及相应的条件等。

9.2 相关法规与内部政策

9.2.1 地区劳动法规限制

尽职调查人员应审核目标公司所在国的劳动法规对工作时长、工作环境、工作防护、解除或终止雇佣合同的规定及潜在负担，对雇佣外籍雇员的相关规定，企业被收购时工会所具有的权利及是否会对收购进程及决策造成影响。

9.2.2 劳资谈判协议

尽职调查人员应审核针对工作报酬、工作时间及其他雇用条件，雇主和员工代表进行的谈判。劳资谈判涉及的方面包括但不限于：

（1）人员管理，如录用（招工、调转、安置分配、聘用、接受实习人员）。

（2）劳动合同管理（签订、续签、变更、解除、终止）。

（3）聘用协议管理。

（4）实习协议管理。

（5）工资管理，如定额、工资方案、工资核定计算、审核汇总等。

（6）福利待遇管理，如带薪年休假、探亲假、婚丧假、家属医疗费、采暖费等。

9.2.3 集体协议

尽职调查人员应核查工会代表与资方代表达成的集体协议，包括核查工作时长协议（包括但不限于：年均最长工作时间、日均工作时长、年均假期天数、夏季工作时间安排等）、补充假期协议（工龄若干年以上员工的额外假期安排）和其他集体协议。

9.2.4 其他内部协议

尽职调查人员应审核公司与员工签订的其他内部协议，如工伤附加保险、额外报酬（交通费用报销、餐券、人身保险、员工子女的幼儿园开销、学习费用报销等）、无息贷款（无息贷款的数额、规定的偿还时间、申请的要求等）、保密协议、竞业禁止协议等。

9.3 雇佣合同

尽职调查人员应核查与目标公司签订雇佣合同的员工人数，明确其中正式员工与临时员工的数量与占比，区分不同的雇佣合同的类型（如全职或兼职雇佣合同、正式或临时雇佣合同、半退休合同或特殊工种合同、残疾人员工的合同等）。

对于临时雇佣合同，尽职调查人员应明确目标公司基于什么情况开出临时雇佣合约（如特殊的工作或服务、由于市场原因产生额外的人力需求、替代正要离职的员工等），同时调查目标公司若混淆临时雇佣合同和试用期会受到的惩罚（包括对公司的罚款与对员工的赔偿等）。

对于正式雇佣合同，尽职调查人员应明确公司与员工签署合同中的工作内容、工作时长、试用期范围、薪资水平、薪资支付手段、保密原则、数据保护、知识产权保护、工作岗位轮换、工作地点轮换等。

对于兼职雇佣合同，尽职调查人员应明确与目标公司签署兼职雇佣合同的数量及其工作内容。

对于半退休雇佣合同，尽职调查人员应明确与目标公司签署半退休雇佣合同的数量，同时要审核合同的内容及违反合同内容可能受到的处罚等。

对于残疾人雇佣合同，尽职调查人员应明确目标公司所在国是否有强制公司雇佣残疾人的法律法规，残疾员工在所有员工中的占比，以及目标公司内残疾人雇佣合同的数量。还应明确目标公司外籍劳工的人员情况，调查其国籍及人数，同时应统计在国外工作并且与客户服务相关联的公司员工人数。需核对在册员工人数与签署合同是否对应，是否有签订雇佣合同或支付费用但不在岗的人员，是否有支付费用而没有签订雇佣合同或其他合约的人员。

9.4 工资与社会福利

9.4.1 薪资结构

目标公司薪资结构通常分为固定薪酬（基本工资等）、浮动薪酬（绩效工资、奖金等）和福利津贴。

尽职调查人员在调查固定薪酬时，应核查目标公司每年发放给全体员工的与工作时间或工作质量无关的固定的总薪酬。

尽职调查人员在调查浮动薪酬时，应确认目标公司对绩效薪酬的设计，包括绩效工资的支付形式、绩效工资的发放对象、绩效工资的配置比例、绩效等级、绩效分布、绩效薪酬的分配方式及绩效薪酬的增长等。对于目标公司发放的奖金，应确认奖金发放的条件、受奖范围、奖励周期及奖金的提取与分配等。

尽职调查人员在调查福利津贴时，应核查目标公司以非现金形式发放的福利（包括年度体检、员工医疗保险、实物、股票期权、员工培训、带薪假期、退休金计划、住房公积金、交通费、工作午餐等），以及以现金形式固定发放的津贴。

尽职调查人员亦应关注目标公司是否存在对员工各类薪酬的延期支付。

9.4.2 企业福利

尽职调查人员在调查目标公司企业福利时，通常应审查法定福利和企业自主福利两部分。法定福利是国家通过立法强制实施的对员工的福利保护政策，主要包括社会保险和法定假期。企业自主福利，即企业为满足员工的生活和工作需要，自主建立的，在工资收入和法定福利之外，向雇员本人及其家属提供的一系列福利项目，包括企业补充性保险（如企业年金）、货币津贴、实物和服务等形式。

企业福利通常包括但不限于：住房贷款利息给付计划、医疗及有关费用的支付、带薪休假、教育福利、法律和职业发展咨询、子女教育辅助计划等。对于社保法规框架下的教育、培训福利，应核查企业在实际执行层面是否合规。此外应考察对于不同国别及项目是否建议对员工其他福利方面的投入成本，如员工心理咨询辅导、离职员工管理等。

9.5 社会保险

尽职调查人员应核查目标企业是否给所有员工都正确地购买了国家规定的社会保险，是否有合规的社保资质。尽职调查人员应确保目标企业没有未偿的社保债务，调查目标企业是否存在社保延期，以及企业对残疾员工的社保类型、企业社保津贴等。此外，外聘尽职调查顾问应着重审查目标企业是否有社会保险漏缴历史并量化潜在风险敞口。

9.6 终止雇佣合同

终止雇佣合同是指劳动合同法律效力的终止。尽职调查人员应核查目标企业在过去一年中终止雇佣合同的数量及原因，包括但不限于：

（1）合同期限已满。定期的劳动合同在合同约定的期限届满后，除非双方依法续订或依法延期，否则合同即行终止。

（2）合同目的已经实现。以完成一定的工作为期的劳动合同在其约定工作完成以后，或其他类型的劳动合同在其约定的条款全部履行完毕以后，合同因目的的实现而自然终止。

（3）合同约定的终止条件出现。企业劳动合同或集体合同约定的终止条件出现以后，合同就此终止。

（4）当事人死亡。劳动者一方死亡，合同即行终止（应依实际情况而定）。

（5）劳动者退休。劳动者因达到退休年龄或丧失劳动能力而办离退休手续后，合同即行终止。

（6）企业不复存在。企业依法宣告破产、解散、关闭或兼并后，原有企业不复存在，其合同也告终止。

9.7 未决诉讼

尽职调查人员应核查目标企业是否存在未决诉讼。若存在未决诉讼，需核查其内容，包括：

（1）或有事项的性质。

（2）影响或有事项未来结果的不确定因素。

（3）或有损失和或有收益的金额。如果无法估计或有损失、或有收益的数额，应当说明不能作出估计的原因。

根据以上企业可能因未决诉讼而产生的内容，审核可能会造成的影响。

9.8 劳动监察

劳动监察是指法定监督主体为保护劳动者的合法权益，依法对用人单位和劳动服务主体遵守劳动法的情况实行检查、督促、纠偏、处罚等一系列监督活动。尽职调查人员应核查目标企业在过去一段时间内经历过的劳动监察，包括：

（1）劳动合同的订立和履行情况。

（2）企业招聘员工的行为。

（3）劳动者的工作时间。

（4）企业支付员工工资的情况。

（5）社会劳务中介机构和社会培训机构遵守有关规定的情况。

（6）企业和劳动者缴纳社会保险费的情况。

（7）法律、法规、规章规定的其他事项等。

9.9 工人代表

尽职调查人员应核查目标企业的工会情况，包括工会数量、每个工会的成员数量、工会地点。还应调查东道国法律对工人代表的保护，包括：

（1）企业是否为工人代表提供便利，以协助其制定有效的集体协议；为帮助工人代表真正参与谈判进程，是否向其提供准备谈判所需的设施。

（2）企业是否承认以集体谈判为目的的代表组织，是否采取措施建立雇主与工人代表之间的自愿谈判机制，以便通过集体协议的方式规范薪资、就业条款和条件。

（3）企业是否提供有意义的谈判所需的信息。这些信息应使工人代表能够真实、公正地了解企业的业绩。

（4）企业是否保障工人代表在自己举行会议进行协商和交换意见时不受到阻碍，只要企业的正常秩序不会因此而遭到损害。

（5）企业是否为工人代表提供必要设施，使他们可以及时、有效地履行职责，并应考虑有关企业的规模和能力。

此外尽职调查人员应关注核查工会及工人代表对被收购的态度和要求，或拟提出的条件。

第10章

风险评估

对境外新能源并购交易的风险评估，目的在于全面掌握对潜在投资项目的并购交易在不同阶段所带来的风险敞口，为拟投资单位做出投资决策提供一份整体性的风险分析及点评。

风险评估工作应建立在各领域尽职调查工作的基础之上，并延伸覆盖其他的补充性背景调查研究，其审核范围可根据对潜在交易影响的优先级划分为三个板块，即交易估值与执行相关风险、投后运营及管理相关风险、并购战略及商业背景相关风险。对于发现的潜在风险，应采取相应措施进行合理转移或规避处理。

风险评估的工作程序、成果及评审、单一风险项的深入详尽评估及应对措施应符合国家电投《并购风险管理指引》及《并购项目风险评估报告模板》等的要求。

10.1 交易估值与执行相关风险

交易估值与执行是境外新能源并购中的两大核心环节，与其相伴的风险是风险评估的重点关注内容。

10.1.1 交易估值风险

影响交易估值准确性和合理性的因素是交易估值风险的来源，从技术角度通常包括以下三个维度：估值数据质量风险、估值方法局限性风险、假设与预测合理性风险。几大核心尽职调查领域所涉及的风险，例如技术风险、市场风险、财务风险、税务风险等都对估值数据质量有着直接的影响，应当紧密结合相关领域的尽职调查成果加以考察。

尽职调查人员应注意交易估值风险对并购交易的影响，如估值风险导致潜在交易价格的错配（过多支付的经济损失或过低支付而丢失项目），对获取交易审批的影响。具体应对措施包括：提高估值数据质量、采用多种估值方法进行相互验证、评估估值相关的假设与预测的合理性和正确性、加强对估值结果的审核，以及通过采取合资的方式规避估值风险等。

10.1.2 技术风险

技术风险是指目标公司的技术标准和能力未能符合投资方的经营目标需要，可能引起投资损失或不达目标的风险。技术风险通常包括技术标准风险、机组设备能力风险、外部技术因素风险、技术人员能力风险等。

尽职调查人员应注意技术风险对并购交易的影响，如对并购交易成功与否的影响、对并购交易估值的影响、对合规的影响及对稳定运营的影响等。同时，应明确对技术风险的控制与规避，具体措施包括：开展技术尽职调查、做好技术风险尽职调查的项目安排和组织工作、做好技术风险调查过程中的沟通工作、做好对技术尽职调查结果的审阅工作等。

10.1.3 市场风险

市场风险是指未来市场的不确定性对企业实现既定目标产生不利影响的风险。这些来自市场的不确定性可能直接对企业产生影响，也可能是通过对其行业内竞争者、相关行业的竞争者、供应商或者消费者间接对企业产生影响。对于新能源市场而言，国家整体经济环境的好坏、行业内竞争激烈程度及饱和度、政府对电力市场调控的方式、补贴政策等对市场都有着较大的影响。市场风险通常包括电力市场需求风险、电力市场供应风险、电力价格变动风险、大宗商品价格波动风险、利率波动风险、汇率波动风险及政府电力政策变化风险。

尽职调查人员应注意政策与市场风险对并购交易的影响，如影响目标公司经营业绩、影响公司整体战略布局。同时，应明确对政策与市场风险的控制、规避或对冲，具体措施包括：建立电力市场风险的对冲机制、加强合同的保护机制等。

10.1.4 财务风险

财务风险分为交易执行阶段（尽职调查）的财务风险、并购整合阶段的财务风险。本指引中将两阶段的财务风险合并描述。

在尽职调查阶段，财务风险是指由于买方对目标公司的财务状况缺乏充分的了解，进而影响交易并购成功的风险，通常包括财务数据真实性风险、盈利质量稳定性风险、营运资本和现金流状况风险、资产状况风险、债务状况风险、或有（表外）事项风险、财务管理能力风险等。

在并购整合阶段，财务风险是指并购协议签署完成、交割过渡期及交割完成的整合阶段，可能面临财务管理不力的风险，通常包括预算整合风险、财务与管理报告整合风险、财务交接与整合所产生的合规风险及资金整合风险。

尽职调查人员应注意财务风险对并购交易的影响，如对并购交易成功与否的影响、对并购交易估值的影响、对合规的影响、对并购交割过渡的影响及对并购后整合的影响。同时，应明确对财务风险的控制与规避，具体措施包括：选择合适的财务尽职调查中介机构、做好财务尽职调查的项目安排和组织工作、做好财务尽职调查过程中的沟通工作、做好对财务尽职调查结果的审阅工作、做好财务交接与整合计划、做好财务开账工作、做好财务结账与合并报表编制工作、做好对外信息披露工作、做好资产清查与盘点工作、明确财务管理相关的过渡期共享服务等。

10.1.5 税务风险

税务风险是指由于买方对目标公司的税务状况缺乏充分的了解，进而影响交易并购成功的风险。税务风险通常包括税务合规性风险、税负成本风险、税务管理能力风险等。

尽职调查人员应注意税务风险对并购交易的影响，如对并购交易成功与否的影响、对并购交易估值的影响、对并购后整合的影响、对合规的影响等。同时，应明确对税务风险的控制与规避，具体措施包括：选择合适的税务尽职调查中介机构、做好税务尽职调查的项目安排和组织工作、做好税务尽职调查过程中的沟通工作、做好对税务尽职调查调查结果的审阅工作。

10.1.6 法律风险

法律风险是指在经营活动实施过程中，由于企业外部的法律环境发生变化，或由于交易相关主体未按照法律规定或合同约定行使权力、履行义务，可能对企业造成负面法律后果的风险。在跨国并购中，并购双方受不同国家的法律制度约束与调整，而不同国家的法律制度和法律体系由于国情、文化背景不同，规定不尽一致，因而导致当事人权利义务不对称。法律风险通常包括法律环境风险、资产权属合规风险、主体资格确认风险、同业竞争风险、关联方及关联交易风险，以及诉讼、仲裁或处罚风险等。

尽职调查人员应注意法律风险对并购交易的影响，如对并购交易能否完成的影响、对目标公司交易价值的影响，以及给目标公司或资产的后续稳定运营增加不确定性等。同时，应明确对法律风险的控制与规避，具体措施包括：对法律尽职调查所发现的问题做好后续审查和风险的应对工作、做好尽职调查报告审查和确认工作等。

此外，尽职调查人员应注意对于企业合规风险的综合审查，重点关注目标企业的合规机制及风险控制文化，特别应重点关注新能源开发权类投资项目，除传统的法务及财务合规外，投资方还应特别注意数据合规，评估标的公司现有机制是否符合当前东道国法律法规及能否应对未来的变化。

10.1.7 人力资源风险

人力资源风险分为交易执行阶段（尽职调查）的人力资源风险、并购整合阶段的人力资源风险。本指引中将两阶段的人力资源风险合并描述。值得注意的是，在境外新能源并购中，除在运项目公司附带自有员工的情况，比较常见的是无员工的情况，则相应的人力资源风险不再适用，相应的风险转向服务合同所涉及的法律风险及运营风险。

在尽职调查阶段，人力资源风险是指在并购交易过程中，对人力资源的情况没有完整了解和评估，进而导致因目标企业人力资源结构、人力成本及合规问题对并购交易产生影响的风险，通常包括关键人员保留风险、人员成本风险、人员结构和能力风险、合规性风险、潜在债务风险及人力资源稳定性风险。

在并购整合阶段，人力资源风险是指在并购交易后，因人力资源管理存在问题，对目标公司的正常运营产生影响，以及无法与买方的人力资源进行对接和整合，进而对并购交易产生影响的风险，通常包括关键人员保留与整合风险、员工薪酬与激励风险、合规风险、沟通风险及人力资源稳定风险等。

尽职调查人员应注意人力资源风险对并购交易的影响，如对并购交易成功与否的影响、对并购交易估值的影响、对合规的影响、对稳定运营的影响及对并购后整合的影响等。同时，应明确对人力资源风险的控制与规避，具体措施包括：选择合适的人力资源尽职调查中介机构、做好人力资源尽职调查的项目安排和组织工作、做好人力资源尽职调查过程中的沟通工作、做好对人力资源尽职调查结果的审阅工作、选择合理的整合模式、提前制订整合计划、建立整合领导和工作小组、委派合适的管理人员、做好文化差异及冲突的解决，以及构建健全的知识转移、共享机制，明确人力资源管理相关的过渡期共享服务或推出长期使用计划等。

10.1.8 交易架构风险

交易架构风险是指由于交易架构安排不合理，导致无法实现并购交易目标的风险。交易架构的目标通常包括：提高交易的可行性，规避监管或法律障碍，规避或降低交易风险，排除竞争对手，建立融资平台，合理降低成本和赋税，为后续的业务整合、退出等工作提供便利；也包括保持管理层的积极性，建立平衡的权力体系和长期的利益关系。交易架构风险通常包括监察审批风险、责任共担风险、治理风险、成本和税务风险、支付风险及融资风险等。

尽职调查人员应注意交易架构风险对并购交易的影响，如提高并购交易的难度、风险没有有效隔离或降低、权责分配问题、交易无法执行，以及成本和赋税较高等。同时，应明确对交易架构风险的控制与规避，具体措施包括：充分考虑风险隔离、考虑采取责任共担的方式、考虑公司治理的问题、考虑成本和税务问题、考虑融资和支付问题，以及交易方案审查与报备等。

10.1.9 融资与支付风险

融资风险主要包括并购进程中为收购对价进行筹资相关的风险，如对融资主体和融资方式的设计等。支付风险包括但不限于：支付方式兑现风险（不同支付方式下风险会有不同的表现）、支付外汇审批风险等。在境外新能源并购交易中，部分卖方可能会对于中资投资方的融资与支付能力存疑，而对融资与支付能力的证明与背书，将有助于增强买方作为潜在投资人的整体可信度，是增强交易确定性的关键因素之一。

10.1.10 协议与谈判风险

协议风险是指因协议签署不当，导致交易成本过高或整合失败的风险。谈判风险是指谈判过程执行不力，导致交易失败或签署协议不当的风险。在并购交易中，主要涉及的协议与谈判风险包括交易前期文件签署风险、并购协议签署风险、股东协议签署风险。

尽职调查人员应注意协议与谈判风险对并购交易的影响，如并购交易的失败、并购交易估值问题和经济损失、目标公司或资产的安全和正常运营受到影响等。同时，应明确对协议与谈判风险的控制与规避，具体措施包括：聘请专业的外部律师顾问、加强自身法律团队及能力等。

10.1.11 审批风险

政府干预或审批风险是指企业在并购交易过程中没有按照法律规定通过政府审批就开展项目，或者没有及时提交审批，或者没有通过审批导致并购项目终止的风险。在并购交易中，主要涉及的审批风险包括对审批要求缺乏了解的风险、提交材料不符合审批要求的风险、无法及时完成审批事项的风险、关键利益相关方反对的风险等。

尽职调查人员应注意审批风险对并购交易的影响，如并购交易的进度受到影响、并购交易被迫终止、直接和间接经济损失、公司和相关人员受到处罚等。同时，应明确对审批风险的控制与规避，具体措施包括：将审批事项纳入并购交易整体计划和流程中、及时与监管和审批部门进行沟通、通过特定交易结构设计规避和减少相应风险、做好充分的预案、建立交易保护机制等。

10.1.12 交割风险

交割风险是指在并购协议签署后、交割日之前的过渡期中，发生有损目标公司价值事项的风险，以及实际交割时的资产、人员和文件转移风险。在并购交易中，主要涉及的交割风险包括或有事项/期间损益风险、实际交割风险等。

尽职调查人员应注意交割风险对并购交易的影响，如对并购交易价值的影响、对并购交割过渡的影响、对并购后整合的影响等。同时，应明确对交割风险的控制与规避，具体措施包括：建立合约保护机制、做好交割日审计工作、双方保持密切沟通等。

10.1.13 项目管理风险

在并购交易中，项目管理风险包括内部人员能力风险、中介机构管理风险。并购项目的成功与否，与项目实施团队具有重大关系，项目实施团队既包括公司内部管理层、具体执行人员，也包括外部专业顾问团队（法律、财务、税务、技术等）。

尽职调查人员应注意项目管理风险对并购交易的影响，如对并购交易成功与否的影响、对并购后整合的影响等。同时，应明确对项目管理风险的控制与规避，具体措施包括：加强并购团队成员专业能力与胜任度评估、加强中介机构的选聘工作、做好尽职调查过程的协调工作、加强对中介机构成果的审阅、加强集团内外的经验分享与交流、组织并购投资相关的专业培训等。

10.1.14 对手方诚信风险

对手方诚信风险是指卖方能否完整合理地揭示目标公司情况和问题的风险，包括卖方在提供目标公司信息中遗漏对并购交易产生重大影响的信息，或者没有尽到合理披露重大信息的义务。在并购交易中，主要涉及的对手方诚信风险包括刻意隐瞒风险、未勤勉尽责风险、违反承诺风险等。

尽职调查人员应注意对手方诚信风险对并购交易的影响，如并购交易的失败、并购交易估值问题和经济损失、目标公司或资产的安全和正常运营受到影响等。同时，应明确对对手方诚信风险的控制与规避，具体措施包括：通过交易合同和其他法律文件加强保护、做好必要的退出工作准备等。

10.1.15 信息不对称风险

信息不对称风险是指在并购交易过程中，买方和卖方对标的企业的了解可能存在严重的不对称，进而给并购带来不确定性的风险。在并购交易中，主要涉及的信息不对称风险包括披露信息不充分风险、买方先入为主的认识偏差风险、文化和语言差异风险、专业能力和判断差异风险、沟通机制不畅风险、并购时间紧导致信息了解不充分的风险、在并购过程中条件变化所产生的风险等。

尽职调查人员应注意信息不对称风险对并购交易的影响，如并购交易估值问题和经济损失、目标公司的持续稳定运营受到影响等。同时，应明确对信息不对称风险的控制与规避，具体措施包括通过并购协议进行适度保护、建立内外部信息的持续跟踪和沟通机制，平衡时间、投入资源和效果等。

10.2 投后运营相关风险

对于境外新能源并购项目相关风险的覆盖分析，除去在交易估值执行阶段涉及的相关因素外，还涉及一系列对于投后运营管理至关重要的因素。

10.2.1 公司治理与管控风险

公司治理与管控风险是指由于所有者之间、所有者与经营者之间因利益不一致产生利益冲突和委托代理关系问题的风险，即在公司利益群体之间分配权力和义务的问题。在并购交易中，主要涉及的公司治理与管控风险包括所有者之间关系的风险，所有者与董事会关系的风险，买方、董事会与管理层之间关系的风险、目标公司与外部利益方关系的风险、买方对目标公司管控的风险、外部对公司治理要求的风险等。

尽职调查人员应注意公司治理与管控风险对并购交易的影响，如对并购交易成功与否的影响、对并购交易估值的影响、对合规的影响、对并购交割过渡的影响、对并购后整合的影响等。同时，应明确对公司治理与管控风险的控制与规避，具体措施包括：及时进行公司治理和管控的沟通、及时制订交割计划和百日计划、明确公司治理的要求、明确买方管控的要求、选择和派驻合适的人员等。

10.2.2 运营风险

运营风险是指企业内部流程和系统、人为或外部因素给企业造成经济损失的风险。尽职调查人员应调查、分析企业或目标投资项目，在运营过程中由于外部环境的复杂性、变动性，以及主体对环境的认知能力和适应能力的有限性，而导致运营失败或使运营活动达不到预期目标的可能性及其损失。

10.2.3 安全风险

安全风险是指由于买方对目标公司的安全和安全管理状况缺乏充分了解而导致的风险。安全风险通常包括外部环境安全风险、机组设备安全风险、人员安全风险及安全管理能力风险等。

尽职调查人员应注意安全风险对并购交易的影响，如对并购交易能否完成的影响、对目标公司交易价值的影响、对合规的影响及对目标公司正常运营的影响等。同时，应明确对安全风险的控制与规避，具体措施包括：选择合适的安全风险尽职调查人员、在交易协议中明确安全风险的责任认定、对交易估值进行调整，以及对安全风险进行转嫁等。

10.2.4 文化风险

文化风险指企业在并购过程中，由于文化间的差异及文化交汇过程中各种不确定性因素而导致企业实际收益与预期收益目标发生背离，甚至导致企业在并购后经营活动失败的风险。文化风险通常包括国家或民族的文化背景差异风险、企业管理风格的差异风险、员工个体文化素质的差异风险等。

尽职调查人员应注意文化风险对并购交易的影响，如影响并购战略的实现、影响目标公司决策原则与方式、影响并购后的激励与人力资源管理，以及影响并购谈判与沟通等。同时，应明确对文化风险的控制、规避，具体措施包括：建立跨文化管理的组织机制、致力于并购后的本土化经营及提升并购后的跨文化能力。

10.3 商业背景相关风险

商业背景相关风险包含对应标的企业的商业风险、政治风险。

10.3.1 商业风险

商业风险是指买方在尽职调查中对目标公司的盈利驱动因素缺乏充分了解和合理评估，过高或过低估计目标企业的价值，进而影响交易并购成功的风险。商业风险通常包括商业模式可持续性风险、历史增长动因稳定性风险、未来增长合理性风险、战略目标及商业模式一致性风险。

尽职调查人员应注意商业风险对并购交易的影响，如对交易并购成功与否的影响、对并购交易估值的影响及对并购后整合的影响。同时，应明确对商业风险的控制与规避，具体措施包括：做好对项目背景信息的补充性调查，做足内部对于标的项目的商业风险评估，明确投资战略与目标企业或项目发展的长期战略一致性。

10.3.2 政治风险

政治风险是指被投资国政治环境发生变化、政局不稳定、政策法规发生变化，进而给买方企业带来经济损失的风险。目标公司或资产所在国政局稳定状况、政府态度及政策等的变化均会直接影响交易成败，以及目标公司或资产后续的运营及发展。政治风险通常包括政局变动风险、国家安全风险、腐败风险、法律体制风险及对中资企业态度的风险。

尽职调查人员应注意政治风险对并购交易的影响，如并购交易的审批放缓或增加压力、目标公司或资产的安全受到威胁、目标公司或资产的稳定运营增加不确定性，以及买方公司的声誉受损等。同时，应明确对政治风险的控制与规避，具体措施包括：与驻外机构或单位的沟通与合作、购买境外投资保险、增加合同的保护机制、加强交易的本地化属性、确保并购交易及后续经营管理的合规性等。

10.3.3 其他宏观因素相关风险

（1）基础设施风险。基础设施风险是指由于基本服务、组织结构和设施的缺失而造成潜在损失的风险。一个地区的基础设施不足可能使项目难以完成而造成损失。

尽职调查人员应分析、评估与拟投资企业及项目直接相关的基础设施所存在的潜在风险，包括但不限于：交通、通信、水电煤气等公共设施。

（2）环保风险。环保风险是指没有对目标公司是否符合当地环保要求做出恰当的评估，导致并购后买方承担了不应承担的损失的风险。这些环保要求一般来自当地环境保护的法律法规，公众对环境的认识和目标公司所在社区的要求等。未被恰当处理的环保问题往往会转变为政治风险。环保风险通常包括环境保护的法律合规风险、环境保护的行业合规风险、公众态度和行动风险。

尽职调查人员应注意环保风险对并购交易的影响，如对交易并购的估值产生的影响、买方承担了不应承担的责任、并购交易的审批存在问题、目标公司或资产的稳定运营增加不确定性，以及买方公司的声誉和经济受损等。同时，应明确对环保风险的控制与规避，具体措施包括：与当地政府、监管部门和社区建立良好的沟通，做好舆论管理，购买环保方面的保险，增强合同的保护机制，评估和完善目标公司应急处理机制等。

（3）自然风险。自然风险是指因自然的不规则变化危害经济，危害物质生产和生命安全的风险。自然风险通常包括地震、水灾、火灾、风灾、雹灾、冻灾、旱灾、虫灾，以及各种瘟疫等。

尽职调查人员应注意自然风险对并购交易的影响，如对项目稳健运行构成威胁、影响工程项目进度、目标公司或资产的安全受到威胁等。同时，应明确对自然风险的控制与规避，具体措施包括：购买相关保险减少自然风险带来的损失、做好自然风险的防范工作等。

（4）金融系统风险。金融系统风险是指在企业并购及后期运营活动中，与金融系统有关的风险。金融系统风险通常包括金融市场风险、金融产品风险、金融机构风险等。

尽职调查人员应注意金融系统风险对并购交易的影响，如金融市场波动对交易价格或融资成本产生的威胁、特定金融产品波动对标的公司及项目构成的影响、有服务关系的金融机构发生事故对标的公司和项目构成的影响等。同时，应明确对金融风险的控制与规避，具体措施包括：避免开展高风险金融衍生业务交易、购买风险对冲的衍生品、购买相关风险的潜在保险等。

（5）外汇风险。尽职调查人员应调查、分析因外汇市场变动引起汇率的变动，致使以外币计价的资产（或债权）与负债（或债务）价值上涨或者下降的风险，避免收入币种与负债币种的错配。境外新能源并购涉及的境外企业的经营活动过程、结果、预期经营收益，都可能存在由于外汇汇率变化而引起的外汇风险。对外汇风险的应对措施包括：定期关注外汇市场趋势、采用外汇掉期保值产品等。

第11章

常用图表

本章所列图表仅用于参考和示意，具体应用时应根据不同项目的发电技术类别、开发阶段做出相应调整，以便有针对性地调研目标项目的各项主要特征及关键数据信息。

11.1 尽职调查综合应用图表示例

11.1.1 尽职调查简易流程图示例（见图 11-1）

交易第二阶段
- ○ 卖方认可买方非约束报价，开放尽职调查
  - ·内部立项，成立尽职调查工作组并制订工作方案及时间表
  - ·选聘尽职调查顾问，明确各方分工责任及主要联络人
  - ·进场尽职调查，审阅卖方提供材料并及时发出问题清单
  - ·起草报告，各尽职调查顾问根据初步调研发现并出具红旗报告
  - ·协调作业，各尽职调查顾问出具估值假设研究及参考
  - ·内部讨论，确定跟进调研要点和新增问题
  - ·报告收尾，给出调研结论及潜在应对措施

交易第三阶段
- ○ 卖方认可买方约束性报价，启动交易谈判
  - ·交易谈判，财务、税务、法律尽职调查顾问协助交易文件谈判及修改
  - ·补充尽职调查，各尽职调查顾问调研任何潜在的额外补充信息

图 11-1　尽职调查简易流程图示例

11.1.2 尽职调查项目执行日程表示例（见文后插页图 11-2）

11.1.3 尽职调查跨部门工作分组图示例（见图 11-3）

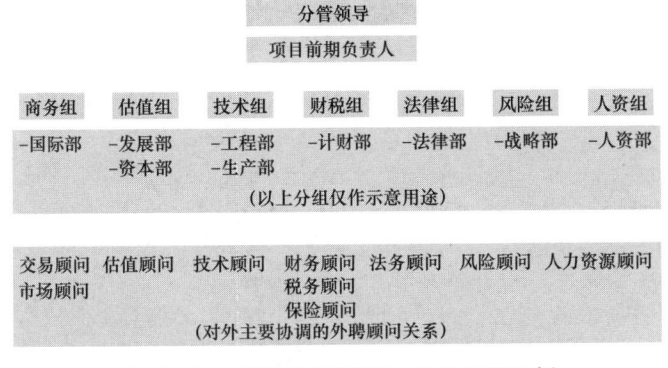

	分管领导					
	项目前期负责人					
商务组	估值组	技术组	财税组	法律组	风险组	人资组
-国际部 -资本部	-发展部	-工程部 -生产部	-计财部	-法律部	-战略部	-人资部
		（以上分组仅作示意用途）				
交易顾问 市场顾问	估值顾问	技术顾问	财务顾问 税务顾问 保险顾问	法务顾问	风险顾问	人力资源顾问
		（对外主要协调的外聘顾问关系）				

图 11-3　尽职调查跨部门工作分组图示例

11.1.4 商业模式简析图表示例（见图 11-4）

	主要项目	2022	2032	2042	2050后
收入	发电量	净产量 = 总产量 * 性能比 * 项目利用率 * 电网可用性			
	×				
	电价	市场电价 * 捕获率 PPA收入　　　市场电价 * 停率 政策补贴收入			
	-				
	收入	市场电价收入+绿色证书 PPA收入　　　市场电价收入 + 绿色证书 政策补贴收入			
运营成本	运维成本	期限为20年的O&M合同（EPC 保修期至少为×年）			
	其他成本	通常管理费用、保险、发电税、系统和市场费用、资产管理费、交易费、退役成本和其他税费			
现金流	EBITDA	市场收入+ PPA 对应 EBITDA			
	税负	企业所得税 + 税收抵免			
	偿债现金流	现有债务偿本付息　　　　　　　　　　　　　　　　　　　新债务的可能性			
	净现金流	项目现金流（按以下优先级分配：i. 股东贷款；ii. 股息）			

图 11-4　商业模式简析图表示例

11.1.5 商业计划主要假设图表示例（见图11-5）

	宏观假设	风能	太阳能	评注
运营数据	使用寿命	××年	××年	
	平均负载系数	%	%	
发电数据	#电场数量			
	装机容量	MW	MW	
	系统可用性	%	%	
	P50发电量	GWh	GWh	
营业收入	通货膨胀	%	%	
	批发电力价格	€/MWh	€/MWh	
	发电量加权平均价格乘数	%	%	
	PPA收入	€/MWh	€/MWh	
	其他收入	€/MWh	€/MWh	
运营成本	运营与维护成本	€k/MW	€k/MW	
	土地租赁	€k/MW	€k/MW	
	发电税	%	%	
	市场代理费	€/MWh	€/MWh	
	其他运营支出			
融资	债务总额			
	期限	××年	××年	
	前置费用	%	%	
	利息	%	%	
资本支出	资本支出	€k/MW	€k/MW	
	施工日程	××月	××月	
其他项目	营运资金	××天	××天	
	折旧摊销			
	税率	%	%	
	股东贷款偿还			
	股息分派			

图11-5 商业计划主要假设图表示例

11.1.6 尽职调查关键风险因素图表示例（见图 11-6）

类别	主要风险	潜在风险对冲机制	估值潜在影响
技术	资产使用寿命		●
	加权平均发电，资产可用性和衰减率		◔
	EPC和O&M合同		◔
	能源产量		◔
	RTB日程（开发权项目）		◔
	建设日程（开发权项目）		◔
市场	捕获电价		●
	发电潜在税收		◔
	市场中介费用		◑
	绿证		◔
法律	交易架构		◔
	土地相关协议		●
	PPA合同		◑
税务	向上派息潜在税负		◑

图 11-6　尽职调查关键风险因素图表示例

11.2 技术尽职调查应用表单示例

不同国家、不同发电种类的项目特征不同，在境外新能源投资的技术尽职调查时，应参考国家电投《境外新能源项目技术尽职调查指引》等相关要求，或国家、行业技术标准，根据具体情境灵活使用表单。此外，应充分利用外聘顾问的数据库及工作模板，投资单位也可充分发挥其引导及监督作用，提升尽职调查工作的质量与效率。

11.2.1 风电资源测评表示例（见表 11-1）

表 11-1 风电资源测评表示例

风电资源测评表（在运项目、在建项目、开发权项目）			
名称		单位	数值
实际测量数据	海拔	m	
	经度（东经）		
	纬度（北纬）		
计算参数	年平均风速	m/s	
	风功率密度	W/m^2	
	盛行风向		
	湍流强度		
	风切变		
	韦伯分布风速几率函数		
	空气密度		

注 此表建议按照测风塔分组列举参数，并注明不同高度的风速。

11.2.2 光伏资源测评表示例（见表11-2）

表11-2 光伏资源测评表示例

光伏资源测评表			
项目站址概况			
项目	单位	数值	备注
占地面积	m²		
海拔	m		
经度（东经）	°		
纬度（北纬）	°		
年平均太阳总辐射量	MJ/m²		
总倾角辐射 GTI	kWh/m²		
总水平辐射 GHI	kWh/m²		
年平均峰值日照小时数	h		
年平均日照时数	h		
主要气象要素（需额外提供详细的气象数据参数）			
多年平均气温	℃		
多年极端最高气温	℃		
多年极端最低气温	℃		
多年最大冻土深度	cm		
多年平均降雨量	mm		
年最大降雨量	mm		
年平均气压	kPa		
空气平均相对湿度	%		
最大风速	m/s		
年平均风速	m/s		

11.2.3 设备及技术表示例（见表 11-3 和表 11-4）

表 11-3 风电项目设备及技术表示例

风电项目设备及技术表（在运项目、在建项目、开发权项目）			
名称			单位（或型号）	数值
设备	风电场主要设备	风电机组	台数	台	
			类型	双馈、直驱	
			额定功率	kW	
			叶片数	片	
			叶轮直径	m	
			扫风面积	m^2	
			切入风速	m/s	
			额定风速	m/s	
			切出风速	m/s	
			安全风速	m/s	
			轮毂高度	m	
			发电机额定容量	kV	
			发电机额定功率因数		
			额定电压	V	
			35kV 箱式变电站	台	
	升压变电站主要设备及其他	主变压器	台数	台	
			型号		
			变电器容量	MVA	
			额定电压	kV	
			损耗数据		
		场内集电线路型式及回路数	线路型式	架空、地埋	
			回路数	回	
		出线回路及电压等级	出线回路数	回	
			电压等级	kV	

续表

<table>
<tr><td colspan="5">风电项目设备及技术表（在运项目、在建项目、开发权项目）</td></tr>
<tr><td colspan="3">名称</td><td>单位（或型号）</td><td>数值</td></tr>
<tr><td rowspan="8">设备</td><td rowspan="8">升压变电站主要设备及其他</td><td rowspan="4">无功补偿装机</td><td>台数</td><td>台</td></tr>
<tr><td>型号</td><td></td></tr>
<tr><td>容量</td><td>Mvar</td></tr>
<tr><td>额定电压</td><td>kV</td></tr>
<tr><td rowspan="4">GIS 六氟化硫设备</td><td>台数</td><td>台</td></tr>
<tr><td>型号</td><td></td></tr>
<tr><td>电流</td><td></td></tr>
<tr><td>额定电压</td><td>kV</td></tr>
</table>

表 11-4　光伏项目设备与技术表示例

<table>
<tr><td colspan="4">光伏项目设备与技术表（在运项目、在建项目、开发权项目）</td></tr>
<tr><td colspan="4">项目名称</td></tr>
<tr><td>项目</td><td>单位</td><td>数值</td><td>备注</td></tr>
<tr><td>规划装机容量</td><td>MW</td><td></td><td>直流、交流</td></tr>
<tr><td>P50 发电预估</td><td>kWh/kW</td><td></td><td></td></tr>
<tr><td>光伏系统效率</td><td>%</td><td></td><td></td></tr>
<tr><td>跟踪器效益提升</td><td>%</td><td></td><td></td></tr>
<tr><td>位置</td><td></td><td></td><td></td></tr>
<tr><td>区域</td><td></td><td></td><td></td></tr>
<tr><td>DC 规模</td><td>MW</td><td></td><td></td></tr>
<tr><td>AC 规模（30℃）</td><td>MW</td><td></td><td></td></tr>
<tr><td>组件</td><td></td><td></td><td></td></tr>
<tr><td>支架</td><td></td><td></td><td></td></tr>
<tr><td>逆变器</td><td></td><td></td><td></td></tr>
<tr><td>并网电力</td><td></td><td></td><td></td></tr>
<tr><td>预期 RTB、预期 COD</td><td></td><td></td><td></td></tr>
</table>

11.2.4 土建及设计表示例（见表 11-5）

表 11-5 风电项目土建及设计表示例

风电项目土建及设计表（在运项目、在建项目）			
名称		单位（或型号）	数值
土建	风机基础　　台数	台	
	型式		
	箱式变电站基础　台数	台	
	型式		
	光伏模块　　台数	台	
	型式		
	逆变器　　　台数	台	
	型式		
	箱式变压器基础　台数	台	
	型式		

11.2.5 其他技术尽职调查应用表单示例

收资清单示例见表 11-6。对于政府审批文件，不同国家所需批文不同，应根据不同国家及项目进行细化。

表 11-6 收费清单示例

收资清单				
项目设计材料				
序号	批文类型（如果有）	是否具备	出具时间	出具部门
一	项目可行性报告			
1	政府审批文件			
2	土地权属文件			
3	环保审批文件			
4	电网接入协议文件			
5	送出线路环保审批			
6	送出线路电网审批			

续表

收资清单					
项目设计材料				
序号	批文类型（如果有）	是否具备	出具时间	出具部门
7	售电合同 PPA			
8	无文物设施的证明（如需要）			
9	无军事设施的证明（如需要）			
10	地质灾害评估（如需要）			
二	运行期数据			
1	气象数据—辐照度、温度			
2	项目投产之日起的发电量、用电量、购电量及故障数据			
3	项目上网电量数据			
4	逆变器运行及故障数据			
5	现场照片			

11.3 法律尽职调查应用表单示例

法律尽职调查相关应用表单示例见表 11-7 ~ 表 11-9。

表 11-7 项目公司统计表示例

项目公司统计表（开发权项目、在建项目）							
序号	项目名称	项目公司名称	地点	装机容量	项目公司注册资本	售电机制	项目阶段
1							
2							
3							
4							
5							

表 11-8 项目开发里程碑状态表示例

项目开发里程碑		项目 1	项目 2	项目 3	项目 4
土地权益	土地租赁协议签署				
	土地租赁协议登记				
	土地收购				
许可	预先行政许可				
	环境许可				
	施工许可				
	规划许可				
电网连接	接入及并网权				
	签订电网升级协议				
售电方式	售电协议				
输电线路和变电站规划					
补贴					
购电协议条款清单					

表 11-9 核心尽职调查发现统计表示例

序号	重大法律问题	问题类型（勾选）	风险等级（勾选）	详细说明	分析及应对建议
1	项目用地问题	SPA、估值	低、中、高	(1) 土地租赁问题； (2) 土地收购问题	
2	项目规划问题	SPA、估值	低、中、高	(1) 规划合规与许可； (2) 开发进度与流程问题	
3	项目公司问题	SPA、估值	低、中、高	(1) 是否有未竟股权转让； (2) 是否存在股权质押/土地抵押	
4	项目员工概况	SPA、估值	低、中、高	是否存在雇员	
5	项目涉诉概况	SPA、估值	低、中、高	是否存在在进行诉讼程序	

续表

序号	重大法律问题	问题类型（勾选）	风险等级（勾选）	详细说明	分析及应对建议
		核心尽职调查发现			
6	项目售电模式与电价	SPA、估值	低、中、高	（1）补贴电价、电源证书；（2）PPA	
7	项目融资问题	SPA、估值	低、中、高	项目融资条款等	
8	EPC	SPA、估值	低、中、高	EPC合同	
9	O&M	SPA、估值	低、中、高	O&M合同	
10	资产管理（Asset Management）	SPA、估值	低、中、高	资产管理合同	

注 实际使用本表时应按需制表。

11.4 财务尽职调查应用表单示例

财务尽职调查相关应用表单示例见表11-10~表11-13。

表11-10 财务尽职调查资产负债表示例

财务尽职调查资产负债表			
项目	基准年	基准年-1	基准年-2
土地			
在建资产			
预付费用			
固定资产			
库存			
贸易及其他应收账款			
贸易关联方应收账款			
贸易及其他应付账款			
贸易关联方应付账款			
税收余额			
其他现有资产和负债			

续表

财务尽职调查资产负债表

项目	基准年	基准年 -1	基准年 -2
营运资金			
金融机构债务			
衍生品			
其他债务			
短期投资			
现金及现金等价物			
关联方债务（应付）			
关联方债务（应收）			
净财务债务			
递延所得税			
其他资产和债务			
权益			

表 11-11　财务尽职调查现金流量表示例

财务尽职调查现金流量表

项目	基准年	基准年 -1	基准年 -2
经营现金流			
销售商品收到的现金			
收到的税费返还			
收到的其他与经营活动有关的现金			
现金流入小计			
购买商品支付的现金			
支付给员工的现金			
支付的各项税费			
支付的其他与经营活动有关的现金			

续表

财务尽职调查现金流量表

项目	基准年	基准年－1	基准年－2
现金流出小计			
经营活动产生的现金流量净额			
投资现金流			
收回投资所收到的现金流量			
取得投资收益所收到的现金流量			
处置固定、无形资产所收回的现金净额			
收到的其他与投资活动有关的现金			
现金流入小计			
购建固定、无形资产所支付的现金			
投资所支付的现金			
支付的其他与投资活动有关的现金			
现金流出小计			
投资活动产生的现金流量净额			
融资现金流			
吸收投资所收到的现金			
借款所收到的现金			
收到的其他与融资活动有关的现金			
现金流入小计			
偿还债务所支付的现金			
分配股利、偿付利息所支付的现金			
支付的其他与融资活动有关的现金			
现金流出小计			
融资活动产生的现金流量净额			
汇率变动对现金的影响			
现金及现金等价物净增加额			

表 11 –12 财务尽职调查损益表示例

财务尽职调查损益表

项目	基准年	基准年 – 1	基准年 – 2
营业收入			
利息收入			
金融企业往来收入			
手续费收入			
汇兑收益			
其他营业收入			
营业支出			
利息支出			
金融企业往来支出			
手续费支出			
营业费用			
汇兑损失			
其他营业支出			
营业税金及附加			
营业利润			
加：投资收益			
加：营业外收入			
减：营业外支出			
加：以前年度损益			
利润总额			
减：企业所得税			
净利润（亏损）			

表 11 –13　固定资产表示例

固定资产表

项目	基准年	基准年 –1	基准年 –2
固定资产盈余			
固定资产供应			
其他			
施工工程			
互联成本			
土地费用			
发展费用			
总资产			
其他支出			
固定资产			

11.5　税务尽职调查应用表单示例

税务尽职调查应用表单示例见表 11 –14 ~ 表 11 –16。

表 11 –14　税种税率明细表示例

税种税率明细表

纳税项目	对应税率
企业所得税	
增值税	
预扣税	
其他当地税项	

表 11-15 公司所得税尽职调查表示例

公司所得税尽职调查表（据实预缴）

纳税年度	基准年	基准年-1	基准年-2
营业收入			
营业成本及费用			
利润总额			
税率			
应缴所得税额			
减免所得税额			
实际应缴所得税额			
应补（退）的所得税额			

表 11-16 公司流转税尽职调查表示例

公司流转税尽职调查表（增值税交易概要）

增值税销项税额	基准年	基准年-1	基准年-2
增值税销项税额			
合计			
增值税进项税额	基准年	基准年-1	基准年-2
增值税进项税额			
应交增值税			
总计			

11.6 人力资源尽职调查应用表单示例

人力资源尽职调查应用表单示例见表 11-17 和表 11-18。

表 11-17 总体员工情况调查表示例

序号	工作地点	工作内容	正式员工	临时员工	总计
1					
2					
3					
4					

表 11-18 第三方合同情况调查表示例

员工姓名	服务内容	劳务派遣公司	工作时间	申报年薪

11.7 保险尽职调查应用表单示例

保险尽职调查应用表单示例见表 11-19。

表 11-19 保险认购情况表示例

险种	认购情况
设备货物运输保险（建设期）	
建筑安装工程一切险（建设期）	
延迟完工险（建设期）	
第三方责任险（建设期和运营期）	
财产一切险（含机器损坏险，运营期）	
营业中断险	

☐ 示意性日期，具体需根据实际项目节点确定

项目执行潜在日程表

	二阶段日程表	负责	第二月 M T W T F S S M T W T F S S M T W T F S 12 13 14 15 16 17 18 19 20 21 22 23 24 25 26 27 28 29 30 31
1	**非约束性报价**		
	非约束性报价提交	投资	
2	**尽职调查**		
	投资单位内部立项	投资	
	投资单位内部立项	投资	
	选聘外部尽调顾问	投资	
	尽调项目启动	投资单位	
	统筹尽调流程	投资单位	
	统筹尽调问答	投资单位	
	统筹现场尽调	投资单位	
	统筹卖方管理层、专家会议	投资单位	
	尽调调研	尽调	
	红旗报告	尽调	
	最终尽调报告	尽调	
3	**SPA及其他交易问题件**		
	起草SPA及其他交易文件	法律顾问、投资	
	提交SPA及其他交易文件	投资	
4	**估值模型与报告**		
	估值报告及讨论	投资单位	
	尽调发现对应估值调整	交易	
	财务模型及报告审阅	尽调顾问	
	估值模型及报告收尾	交易	
5	**内部审批流程**		
	内部专题会及党委会	投资单位	
6	**法律约束性报价**		
	法律约束性报价起草及准备	投资单位	
	法律约束性报价提交	投资单位	